Innenwelt verlag

Alle Osho Diskurse sind als Originale publiziert worden und als Original-Audios erhältlich. Audios und das vollständige Text-Archiv finden Sie unter der Online-Bibliothek „Osho Library" bei www.osho.com

Titel der Originalausgabe:
The Perfect Way

Überarbeitete Neuauflage 2012

Lektorat: Jivana Werner
Übersetzung: Chetan Sufi und Anand Tushir
Umschlaggestaltung: Silke Watermeier, www.watermeier.net
Foto Umschlag: © Global Picture Art, Anton Pichler

Druck: Westermann Druck Zwickau GmbH, Zwickau
Printed in Germany
ISBN 978-3-942502-15-3

Der vollkommene Weg

OSHO

Inhalt

1. Kapitel

Mit dem Herzen hören

BEWUSSTE SEELEN, ZUALLERERST BITTE ICH EUCH, MEINE Liebe entgegenzunehmen. Sie ist das Einzige, womit ich euch hier willkommen heißen kann in der Einsamkeit und Abgeschiedenheit dieser Hügel. Das ist alles, was ich euch zu geben habe. Ich möchte die grenzenlose Liebe mit euch teilen, mit der mich diese Nähe zum Göttlichen erfüllt hat. Ich möchte sie verteilen. Und das Wunderbare daran ist, dass sie umso mehr wächst, je mehr ich sie teile! Wahrer Reichtum nimmt mit dem Teilen zu; ein Reichtum, der abnimmt, wenn man ihn teilt, ist kein wahrer Reichtum.

Könnt ihr also meine Liebe akzeptieren?

Ich sehe in euren Augen, wie ihr sie annehmt und sie fließen voller Erwiderung der Liebe über. Liebe erzeugt Liebe, und Hass erzeugt Hass. Was immer wir geben, wird mit gleicher Münze heimgezahlt. Das ist ein ewiges Gesetz. Darum sollt ihr der Welt auch das geben, was ihr euch wünscht. Ihr könnt keine Blumen gegen Dornen eintauschen.

Ich sehe Blumen der Liebe und des Friedens in euren Augen aufblühen. Darüber bin ich zutiefst erfreut – jetzt sind nicht mehr viele hier: Liebe verbindet und verwandelt die vielen in eins. Die physischen Körper sind zwar voneinander getrennt und werden es auch bleiben; es gibt aber etwas jenseits des Körpers, das sie in Liebe vereint, das eins wird in der Liebe. Erst wenn diese Einheit erlangt worden ist, dieses Einssein, kann etwas gesagt und verstanden werden. Verständigung ist nur in Liebe möglich und nur in Liebe.

Wir sind an diesem einsamen Ort zusammengekommen, damit ich euch etwas mitteilen kann und damit ihr mir zuhören könnt. Dieses Mitteilen und dieses Zuhören ist nur durch diesen Unterstrom der Liebe möglich. Die Türen des Herzens öffnen sich nur der Liebe. Und denkt daran, erst wenn ihr mit dem Herzen zuhört und nicht mit dem Kopf, könnt ihr wirklich etwas hören. Ihr fragt vielleicht: „Kann denn das Herz auch hören?" Ich würde sagen, wann immer etwas gehört wird, ist es allein das Herz, das hört. Bis jetzt hat der Kopf noch nie etwas gehört. Der Kopf ist taub wie ein Stein. Und das Gleiche gilt fürs Reden. Nur wenn Worte vom Herzen kommen, verströmen sie den Duft frischer Blumen; sonst sind sie nicht nur abgestorben und welk, sondern künstlich – wie Plastikblumen.

Ich werde euch mein Herz ausschütten; und wenn mir eure Herzen den Zutritt erlauben, wird es zu einer Begegnung und zu einer Verständigung kommen. Und dann, in solchen Augenblicken der Kommunion, kann das mitgeteilt werden, was Worte nicht auszudrücken vermögen. So kann viel Ungesagtes gehört werden; und was nicht in Worte gefasst werden kann, was zwischen den Zeilen steht, lässt sich so mitteilen. Worte an sich sind kraftlose Symbole, doch wenn man ihnen in tiefstem

Gedankenfrieden und in Stille lauscht, werden sie macht-voll. Das nenne ich „mit dem Herzen zuhören". Aber selbst wenn wir jemandem zuhören, sind wir voll von unseren eigenen Gedanken. Das ist „falsches Zuhören". Dann seid ihr kein *Shravak*, kein Zuhörer. Ihr seid in der Illusion gefangen, zu hören, aber in Wirklichkeit stimmt es gar nicht.

Zum rechten Hören muss sich der Geist in einem Zu-stand vollkommener, stiller Aufmerksamkeit befinden. Wenn ihr nur zuhört und sonst nichts tut, erst dann könnt ihr hören und auch verstehen. Und dieses Ver-stehen wird zu einem Licht und bewirkt in euch eine Transformation. Ohne diesen Geisteszustand hört ihr niemandem zu, ihr hört ständig nur euch selbst zu. Der Tumult, der in euch wütet, hält euch voll und ganz gefan-gen. Und solange ihr so gefangen seid, ist keine Verstän-digung möglich. Ihr scheint zu sehen, aber ihr seht nicht; ihr scheint zu hören, aber ihr hört nicht.

Auch Christus sagte: „Wer Augen hat, der sehe. Wer Ohren hat, der höre." Hatten denn jene, zu denen er sprach, keine Augen und Ohren? Natürlich hatten sie Augen und Ohren; doch das bloße Existieren von Augen und Ohren reicht nicht, um zu sehen und zu hören. Etwas Weiteres ist notwendig, ohne das ist das Vorhan-densein oder Nichtvorhandensein der Augen oder Ohren unwesentlich. Dieses Weitere ist innere Stille und wachsame Bewusstheit. Nur dann, wenn diese Quali-täten dabei sind, öffnen sich die Türen des Verstandes und es kann etwas gesagt und gehört werden.

Ich erwarte von euch während der Zeit dieses Medita-tionscamps diese Art des Hörens. Wenn ihr es einmal gelernt habt, wird es zu eurem lebenslangen Begleiter werden. Dies allein kann euch vom belanglosen Beschäftigtsein befreien. Dies kann euch die große, geheimnisvolle Welt um euch herum erwecken, und ihr werdet beginnen, das ewige Licht des Bewusstseins zu erfahren, das hinter dem Tumult des Verstandes liegt.

Rechtes Sehen und rechtes Hören sind nicht nur für dieses Meditationscamp die Grundlage, sie sind auch die Grundlage allen rechten Lebens. Genau so wie alles in einem See, der ganz ruhig und ohne Wellen daliegt, klar reflektiert wird, wird auch alles, was wahr, was göttlich ist, in euch reflektiert, sobald ihr ruhig und still wie der See werdet.

Ich sehe diese Stille in euch wachsen. Eure Augen – der Durst in ihnen nach Leben, die mich einladen zu sagen, was ich gerne sagen möchte. Sie drängen mich, die Wahrheiten offenzulegen, die ich gesehen habe und die meine Seele berührt haben. Eure Herzen sind ungeduldig und hungrig, davon zu hören. Und ich sehe, dass ihr willig und bereit seid, mir zuzuhören, sodass mein Herz bereit ist, sich in euch zu verströmen.

In dieser friedlichen Umgebung, wo auch euer Geist vollkommen still wird, werde ich sagen können, was ich euch allen gerne mitteilen möchte. Sähe ich taube Herzen vor mir, würde ich mich zurücknehmen. Bleibt das Licht nicht auch draußen, wenn es die Tore eures Hauses verschlossen findet? In gleicher Weise stehe ich oft vor manchem Haus. Es ist jedoch ein gutes Zeichen, dass eure Türen offen stehen. Es ist ein guter Anfang.

Wir werden das fünftägige Programm dieses Meditationscamps morgen früh anfangen, und ich möchte nun noch ein paar Dinge zur Einführung sagen. Für die Meditation, für die Erkenntnis der Wahrheit, muss der Geist vorbereitet werden. So wie man die Erde vorbereitet, bevor man Blumen einpflanzt. Und so möchte ich, dass ihr ein paar Sutras, ein paar Schlüsselpunkte versteht.

Das erste Sutra ist: *Lebt in der Gegenwart.*

Während des Camps solltet ihr euch nicht von eurer Gewohnheit, ständig über die Vergangenheit und die Zukunft nachzudenken, ablenken lassen. Denn wenn ihr euch davon ablenken lasst, wird der lebendige Augenblick, das einzig Wichtige, verpasst und verstreicht ungenutzt. Weder Vergangenheit noch Zukunft existieren. Die eine ist nur Erinnerung, die andere nur Einbildung. Allein der gegenwärtige Augenblick ist wahr und lebendig. Und wenn man die Wahrheit erkennen will, kann sie nur in der Gegenwart erkannt werden.

Lasst darum für die Dauer des Camps ganz bewusst Vergangenheit und Zukunft beiseite. Akzeptiert, dass sie nicht existieren. Nur dieser Augenblick, in dem ihr lebt, existiert. Nur dieser Augenblick, in dem ihr seid, existiert, sonst nichts. Ihr müsst ihn leben, und zwar voll und ganz. Schlaft heute Nacht so tief, als sei eure gesamte Vergangenheit von euch abgefallen. Sterbt von der Vergangenheit. Und steht am Morgen als neuer Mensch auf, denn es ist ein neuer Morgen. Lasst jenen, der sich schlafen gelegt hat, nicht mehr aufstehen. Lasst ihn für immer schlafen. Lasst den, der ewig neu und ewig frisch ist, aufstehen.

Lebt in der Gegenwart, denkt stets daran – und bleibt vierundzwanzig Stunden am Tag auf der Hut, um sicherzugehen, dass dieses mechanische Denken über Vergangenheit und Zukunft nicht wieder einsetzt. Beobachten genügt. Wenn ihr beobachtet, wird es nicht wieder einsetzen. Bewusstheit durchbricht die Gewohnheit.

Das zweite Sutra ist: *Lebt natürlich.*

Das ganze menschliche Verhalten ist künstlich und formal. Wir hüllen uns ständig in ein fadenscheiniges Gewand, und unter dieser Hülle vergessen wir immer mehr unsere eigentliche Realität. Befreit euch von dieser falschen Haut und werft sie ab. Wir sind hier nicht zusammengekommen, um ein Drama zu inszenieren, sondern uns selbst so zu erkennen und zu sehen, wie wir wirklich sind. So wie Schauspieler sich nach einer Vorführung ihrer Kostüme und Schminke entledigen, müsst auch ihr für diese fünf Tage eure falschen Masken abnehmen und sie beiseitelegen. Lasst das, was ursprünglich und natürlich in euch ist, hervorkommen – und lebt es.

Meditation entwickelt sich nur im einfachen und natürlichen Leben. Achtet darum während der Tage dieses Meditationscamps darauf, dass ihr keinen Rang, keinen Beruf, keinen Status innehabt. Entledigt euch all dieser Masken. Ihr seid einfach nur ihr selbst, ein ganz gewöhnlicher Mensch, ohne Namen, ohne Status, ohne Klasse, ohne Familie, ohne Kaste – ein ganz gewöhnliches Individuum. Ihr müsst lernen, so zu leben, denn so seid ihr in Wirklichkeit.

Das dritte Sutra ist: *Lebt allein.*

Ein Leben der Meditation wird im absoluten Alleinsein geboren, wenn man ganz allein ist. Doch im Allgemeinen ist der Mensch nie allein. Er ist ständig von anderen umgeben. Und wenn außen gerade kein Gedränge um ihn herum herrscht, dann inmitten seines Innern. Dieses Gewimmel muss sich auflösen. Lasst nicht zu, dass in eurem Innern Gedrängel herrscht. Und auch im Außen lebe allein, als ob du ganz allein an diesem Camp teilnehmen würdest.

Ihr braucht keinerlei Beziehungen zu den anderen zu unterhalten. Inmitten all dieser unzähligen Beziehungen habt ihr euch selbst vergessen. All diese Beziehungen – Feind oder Freund, Vater oder Sohn, Ehefrau oder Ehemann – haben euch so vereinnahmt, dass ihr euer eigenes Wesen nicht kennt. Habt ihr je versucht, euch vorzustellen, wer ihr seid, unabhängig von diesen Beziehungen? Habt ihr je das Gewand dieser Beziehungen abgelegt und euch selbst völlig getrennt von ihnen gesehen? Löst euch von all diesen Beziehungen und erkennt, dass ihr nicht der Sohn eures Vaters und eurer Mutter, nicht der Ehemann eurer Ehefrau, nicht der Vater eurer Kinder, nicht der Freund eurer Freunde, nicht der Feind eurer Feinde seid – und was dann übrigbleibt, ist euer wahres Wesen – was dann bleibt, ist euer eigentliches Selbst. Ihr müsst während dieser Tage ganz in diesem Wesen leben.

Wenn ihr diese Sutras beherzigt, werdet ihr jenen Geisteszustand erlangen, der absolut notwendig ist, um Frieden und Wahrheit zu erkennen.

Zusätzlich zu diesen drei Sutras möchte ich euch noch zwei Meditationen erläutern, die wir ab morgen machen werden.

Die erste Meditation ist für den Morgen.

Ihr müsst während dieser Meditation den Rücken gerade, die Augen geschlossen und den Hals aufrecht halten. Die Lippen sollten geschlossen sein und die Zunge den Gaumen berühren. Atmet langsam und tief. Richtet eure Aufmerksamkeit auf die Gegend um den Nabel. Seid euch des Zitterns bewusst, das ihr um den Nabel herum wahrnehmt, und spürt, wie er vom Atem bewegt wird. Das ist alles, was ihr tun müsst.

Es beruhigt den Verstand und bringt die Gedanken zum Verstummen. Von dieser Leere aus geht ihr letztlich nach innen.

Die zweite Meditation ist für den Abend.

Legt euch flach auf den Boden und lasst eure Gliedmaßen sich vollkommen entspannen. Schließt die Augen und suggeriert euch etwa zwei Minuten lang, der Körper entspanne sich. Langsam wird sich der Körper entspannen. Suggeriert euch dann zwei Minuten lang, euer Atem werde ruhiger. Der Atem wird ruhiger werden.

Und schließlich suggeriert ihr euch zwei weitere Minuten, dass eure Gedanken zum Stillstand kommen. Diese willentliche Autosuggestion führt zu völliger Entspannung, Ruhe und Leere. Und wenn der Verstand vollkommen ruhig geworden ist, seid ihr ganz wach in eurem inneren Wesen und bleibt Zeuge der Ruhe. Dieses Zeugesein führt euch zu euch selbst.

Diese zwei Meditationen solltet ihr üben. Tatsächlich sind sie nur künstliche Hilfsmittel, und ihr dürft euch nicht an ihnen festhalten. Mit ihrer Hilfe legt sich die Rastlosigkeit des Verstandes. Und genau wie wir eine Leiter nach der Ersteigung nicht mehr brauchen, müssen wir eines Tages auch diese Hilfsmittel aufgeben.

Meditation kommt in dem Augenblick zu ihrer Voll-kommenheit, wo sie überflüssig geworden ist. Dieser Zustand ist *Samadhi*, Erleuchtung.

Die Nacht ist bereits weit vorgerückt und der Himmel ist voller Sterne. Die Bäume und die Täler haben sich schla-fen gelegt. Lasst uns jetzt ebenfalls schlafen gehen. Wie ruhig und still doch alles ist! Lasst uns mit dieser Stille verschmelzen. Im tiefen Schlaf, im traumlosen Schlaf gehen wir an den Ort, wo das Göttliche wohnt. Das ist das spontane, unbewusste *Samadhi*, das uns die Natur geschenkt hat.

Mit Hilfe der Meditation können wir diesen Ort auch erreichen, nur sind wir dann bewusst und wach. Darin liegt der Unterschied, und es ist ein wirklich großer Unterschied. Bei jenem schlafen wir, bei diesem sind wir hellwach.

Lasst uns nun schlafen gehen in der Hoffnung, dass wir in den Zustand des Erwachens gelangen. Wenn un-sere Hoffnungen von Entschlossenheit und rechtem Stre-ben begleitet sind, werden sie sich erfüllen.

Möge die Existenz uns den Weg weisen. Das ist mein einziges Gebet.

2. Kapitel

Geburtenkontrolle für Gedanken

BEWUSSTE SEELEN, ICH FREUE MICH, EUCH ZU SEHEN. IHR seid an diesem abgeschiedenen Ort zusammengekommen, um das Göttliche zu erkennen, um die Wahrheit zu finden, um euer eigenes Selbst, euer Wesen zu erkennen.

Ich muss euch eine Frage stellen: Ist das, wonach ihr sucht, getrennt von euch? Ihr könnt nach jemandem suchen, der getrennt von euch ist. Aber wie könnt ihr etwas suchen, was ihr seid? Euer eigenes Selbst könnt ihr nicht so suchen, wie ihr alles übrige sucht, weil es in diesem Fall keinen Unterschied zwischen dem Suchenden und dem Gesuchten gibt. Ihr könnt die Welt durchsuchen, doch euer Selbst nicht. Wer zur Suche nach sich selbst aufbricht, entfernt sich von sich selbst. Es ist wichtig, dies voll und ganz zu verstehen – dann erst wird eine Suche möglich.

Wenn ihr die materiellen Dinge in der Welt finden wollt, müsst ihr nach draußen schauen, außerhalb von euch. Wenn ihr aber euer Selbst finden möchtet, müsst ihr gesammelt, gelassen und ohne Angst sein und alles Suchen aufgeben. Was ihr in Wirklichkeit seid, kann nur in vollkommener Ruhe und Leere gesehen werden. Denkt daran, dass mit jeder Suche eine Aufregung, eine

Spannung einhergeht, dass auch sie ein Wunsch und eine Leidenschaft ist. Aber das Selbst – die Seele – kann nicht durch Leidenschaft erkannt werden. Darin liegt die Schwierigkeit. Leidenschaft heißt, dass man etwas werden oder etwas erlangen möchte, während die Seele bereits in einem da ist. Die Seele ist das, was ich, ich selbst, bin. Leidenschaft und Seele liegen in entgegengesetzter Richtung. Es sind zwei gegensätzliche Dimensionen.

Seid euch deshalb völlig im Klaren, dass die Seele zwar erkannt werden kann, dass sie aber kein Objekt eurer Begierde sein kann. Es ist ein Ding der Unmöglichkeit, die Seele zu begehren. Alles Begehren ist weltlich; Nicht-Begehren ist spirituell. Begierde und Lust bestimmen die Welt. Ob diese Begierde nun auf Geld oder Religion ausgerichtet ist, nach Autorität oder nach Göttlichkeit, nach weltlichen Vergnügen oder nach Befreiung, macht keinen Unterschied. Alle Begierden sind Begierden, und Begierden bedeuten Unfreiheit, Zwang.

Ich sage nicht, ihr sollt die Seele begehren. Ich fordere euch nur auf, die Natur der Begierde zu verstehen. Das Verstehen der Begierde befreit von ihr, denn es enthüllt ihre schmerzhafte Natur. Den Schmerz zu verstehen, heißt vom Schmerz befreit zu sein; denn hat man es einmal verstanden, kann man es nicht mehr wollen. Und wenn in dem Moment kein Begehren da ist, wenn der Verstand weder durch Leidenschaft gestört ist noch nach irgendetwas sucht, dann, in genau diesem Augenblick, in diesem ruhigen und stillen Augenblick, erfahrt ihr euer wahres authentisches Wesen. Die Seele offenbart sich, sobald die Leidenschaft verschwindet.

Darum bitte ich euch, meine Freunde, nicht nach der

Seele zu dürsten, sondern das Begehren an sich zu verstehen und euch von ihm zu befreien. Dann werdet ihr verstehen und die Seele erkennen.

Was ist Religion? Religion, *Dharma*, hat nichts mit Gedanken oder mit dem Denken zu tun. Es hat mit Nicht-Denken zu tun. Denken ist Philosophie. Sie führt zu Schlussfolgerungen, bringt aber keine Befriedigung. *Dharma* heißt Zufriedenheit. Das logische Vorgehen ist der Weg zum Denken, während Erleuchtung das Tor zur Zufriedenheit ist.

Erleuchtung ist eine zufriedene Bewusstheit. Der Verstand ist leer, aber wachsam; und in diesem Zustand der Ruhe öffnet sich die Tür zur Wahrheit. Die Wahrheit kann nur aus der Leere heraus erkannt werden, und als Resultat wird das ganze Leben transformiert.

Wir erlangen den Zustand der Leere, der Erleuchtung, durch Meditation. Was allerdings gewöhnlich als Meditation verstanden wird, ist nicht eigentlich Meditation. Es ist immer noch ein Prozess des Denkens. Vielleicht drehen sich die Gedanken jetzt um die Seele oder um das Göttliche, es sind aber immer noch Gedanken. Worum sich Gedanken drehen, spielt keine Rolle. In Wirklichkeit betreffen alle Gedanken etwas anderes, etwas außerhalb. Sie beziehen sich auf das, was nicht das Selbst ist. Über das Selbst kann man nicht nachdenken, denn um zu denken, bedarf es zwei. Darum kann euch das Denken auch nicht über die Dualität hinausführen. Will man zur Einheit gelangen, das Selbst erkennen und in ihm leben, führt der Weg über die Meditation, nicht übers Denken.

Denken und Meditation sind sich diametral entgegengesetzt. Das eine führt nach außen, das andere nach innen. Denken ist der Weg, um den anderen zu kennen; Meditation ist der Weg, sich selbst zu erkennen. Aber gewöhnlich wird Denken als Meditation betrachtet. Das ist ein schwerwiegender und weitverbreiteter Fehler, und ich möchte euch vor diesem fundamentalen Irrtum warnen. Meditation bedeutet, im Nicht-Tun zu sein.

Meditation ist kein Tun, sondern ein Seinszustand. Es bedeutet, in sich selbst zu sein. Im Tun kommen wir mit der Außenwelt in Berührung, im Nicht-Tun mit uns selbst. Wenn wir nichts tun, werden wir uns bewusst, was wir sind. Im Gegenteil dazu kennen wir uns selbst nicht, wenn wir ununterbrochen mit allen möglichen Aktivitäten beschäftigt sind. Wir erinnern uns nicht einmal daran, dass wir existieren. Wir sind so tief beschäftigt. Während der Körper wenigstens manchmal ruht, ruht der Verstand überhaupt nie. Wach denken wir, im Schlaf träumen wir. Gefangen in diesem ständigen Beschäftigtsein und Tun, vergessen wir uns selbst völlig. Wir verlieren uns inmitten der ganzen Beschäftigung. Wie sonderbar das ist, aber es ist unsere Realität.

Wir haben uns verloren – nicht in einer Menschenmenge, sondern in unseren eigenen Gedanken, unseren eigenen Träumen, in unseren eigenen Geschäftigkeiten und Aktivitäten. Wir haben uns in uns selbst verloren. Meditation ist der Weg, uns aus dieser selbsterschaffenen Menschenmenge, aus dieser mentalen Wanderlust herauszuziehen.

Ihrer eigentlichen Natur nach kann Meditation kein Tun sein. Es ist die Bezeichnung für einen unbeschäftigten Verstand, keine Beschäftigung. Und genau das lehre ich. Es mag zwar komisch klingen, wenn ich sage, ich lehre Nicht-Tun, aber das ist genau das, was ich lehre. Wir haben uns hier versammelt, um Nicht-Tun zu üben, doch die menschliche Sprache ist armselig und sehr begrenzt, deswegen kann sie niemals die Seele ausdrücken. Wie kann etwas, das auf Sprache maßgeschneidert ist, Stille ausdrücken?

Das Wort „Meditation" deutet darauf hin, dass es sich dabei um ein Tun handelt; es ist aber überhaupt nicht irgendein Tun. Es wäre falsch zu sagen: „Ich ‚übte' mich in Meditation"; richtig wäre es zu sagen: „Ich war ‚in' Meditation". Es ist wie in der Liebe. Man kann „in" Liebe sein, aber Liebe kann nicht gemacht werden. Deswegen sage ich, dass Meditation ein Geisteszustand ist. Es ist äußerst wichtig, sich von vornherein darüber im Klaren zu sein.

Wir sind hier zusammengekommen, um diesen Zustand zu erfahren, in dem wir einfach nur sind, wo nichts geschieht, um etwas zu tun, wo es keine Unklarheit des Tuns gibt. Es ist ein Zustand, in dem es nur die reine Flamme des Seins gibt, wo nur das Selbst bleibt, wo nicht einmal der Gedanke „Ich bin" übrig bleibt, wo nichts bleibt als „Sein". Das ist *Shunya*, Leere. Das ist der Raum, in dem wir nicht die Welt sehen, sondern die Wahrheit.

Und in diesem Nichts, in dieser Leere stürzt die Mauer ein, die euch davon abhält, euch selbst zu erkennen, lüftet sich der Vorhang der Gedanken und Weisheit steigt auf. In diesem Raum denkt ihr nicht – ihr wisst. Jetzt kommt es zum Sehen, zum Erkennen.

Aber die Worte „Sehen" und „Erkennen" sind nicht ganz angemessen, denn hier besteht kein Unterschied mehr zwischen dem Erkennenden und dem Erkannten, zwischen dem Subjekt und dem Objekt. Hier gibt es weder das Erkannte noch den Erkennenden – nur noch Erkennen. Für diesen Zustand gibt es kein passendes Wort, nur Wortlosigkeit. Wenn mich jemand über diesen Zustand befragt, bleibe ich still – oder man könnte sagen, ich antworte mit meiner Stille.

Meditation ist Nicht-Tun. Tun ist etwas, das wir machen wollen oder auch nicht, wenn wir nicht wollen. Aber im Selbst sein, ist kein Tun. Es ist weder Tun noch Nicht-Tun. Zum Beispiel sind Verstehen und Sehen Teil unseres Selbst, Teil unseres Wesens. Auch wenn wir nichts tun, sind wir dennoch da. Das Selbst ist ständig in uns präsent, und nur was beständig und stetig in uns ist, kann man als Selbst bezeichnen. Das Selbst ist nicht etwas, das wir gemacht haben, es ist unsere eigentliche Basis. Wir sind es. Wir erschaffen es nicht, es erhält uns. Wir nennen es *Dharma*, das was nachhaltig ist. *Dharma* bedeutet unser Selbst; es bedeutet reines Sein, Existenz.

Unsere beständige und bleibende Natur wird von den nach allen Richtungen strebenden Aktivitäten verdrängt. So wie das Meer von Wellen und die Sonne von Wolken bedeckt ist, sind auch wir von unseren eigenen Aktivitäten verdeckt. Die Schicht der Aktivitäten an der Oberfläche verbirgt das, was tief im Inneren liegt.

Bedeutungslose Wellen verbergen die unergründlichen Tiefen des Ozeans. Wie sonderbar ist es doch, dass das Mächtige vom Trivialen verdrängt wird, dass ein Staubkörnchen im Auge ganze Berge unsichtbar macht!

Das Meer hört wegen dieser Wellen jedoch nicht auf zu existieren. Es ist das eigentliche Leben der Wellen und in ihnen auch präsent. Die Wissenden erkennen den Ozean in den Wellen; doch die Unwissenden müssen warten, bis sich die Wellen gelegt haben. Sie können den Ozean erst sehen, nachdem sich die Wellen gelegt haben. Wir müssen in diesen Ozean, in das Selbst eintauchen. Wir müssen die Wellen vergessen und ins Meer springen. Wir müssen unsere eigene Tiefe erkennen, wo das Sein ist, wo das Meer ohne Wellen ist, wo ein Sein ist, nicht Werden.

Diese Welt des wellenlosen und bewegungslosen Wissens ist immer in uns da, nur sind wir uns dessen nicht bewusst. Wir haben unseren Blick davon abgewandt – wir schauen nach außen, wir betrachten Gegenstände, wir betrachten die Welt. Doch vergesst eins nicht: Wir schauen, und was wir sehen, ist die Welt – derjenige jedoch, der schaut, ist nicht die Welt, er ist das Selbst.

Solange das Sehen mit dem Objekt identifiziert ist, das gesehen wird, ist es Denken; wenn das Sehen frei ist vom Objekt, das gesehen wird, und sich dem Sehenden selbst zuwendet, wird es zur Meditation.

Könnt ihr meiner Unterscheidung zwischen Denken und Meditation folgen? Sehen ist sowohl im Denken als auch in der Meditation präsent, aber im ersten ist es objektiv und im zweiten subjektiv. Ob wir nun in Gedanken oder in Meditation sind, ob wir in Aktivität oder im Nicht-Tun sind – das Sehen ist ein konstanter Faktor. Wach sehen wir die Welt; im Schlaf sehen wir Träume; im *Samadhi* sehen wir uns selbst – aber in jedem dieser Zustände ist das Sehen da. Das Sehen ist beständig und andauernd. Es ist unsere Natur. Es ist nie abwesend, egal welcher Zustand herrscht.

Das Sehen ist sogar in der Ohnmacht präsent. Werden wir wieder bewusst, sagen wir: „Ich weiß nichts mehr.

Ich weiß nicht, wo ich war." Denkt nun nicht, dies sei Unwissenheit. Es ist auch ein Wissen. Wäre das Sehen ganz verlorengegangen, so wäre das Wissen „Ich weiß nichts mehr", nicht möglich. In dem Fall hätte auch die Zeit, die während der Ohnmacht verstrichen ist, für euch nicht existiert. Sie wäre nicht Teil eurer Erfahrung geworden; sie hätte keine Spuren in eurer Erinnerung hinterlassen. Ihr wisst aber, dass ihr euch in einem Zustand befunden habt, wo ihr von nichts wusstet. Auch das ist ein Wissen und das Sehen ist dort auch vorhanden. Die Erinnerung hat währenddessen zwar keine inneren oder äußeren Phänomene registriert, doch unser Sehen hat diese Unterbrechung, diese Zwischenzeit ganz klar erfahren.

Und diese Erfahrung des Intervalls, der Lücke im Registrieren von Ereignissen bleibt in der Erinnerung haften. Ähnlich wie im Schlaf das Sehen ständig gegenwärtig ist, selbst wenn wir nicht träumen. Wenn wir am Morgen aufwachen, können wir sagen, wir hätten so tief geschlafen, dass wir nicht einmal geträumt haben. Auch dieser Zustand wurde registriert.

Aus alledem sollt ihr erkennen, dass sich Zustände verändern, dass sich Bewusstseinsinhalte verändern, dass sich aber das Sehen selbst nicht verändert. Alles im Bereich unserer Erfahrung verändert sich; alles ist im Fluss. Das Sehen – und nur das Sehen – ist immer gegenwärtig. Das allein ist der Zeuge all dieser Veränderungen, all dieses Fließens. Dieses ständige und ewige Sehen zu erkennen heißt, sich selbst zu erkennen. Alles sonst ist fremd, ist das andere. Alles andere ist *Samsara*, die Welt.

Dieser Zeuge kann nicht durch Tun, durch irgendeine Andacht oder Verehrung, durch irgendein Mantra oder eine Methode erlangt oder erkannt werden, denn er ist auch Zeuge von dem. Er ist von all dem verschieden und getrennt. Alles, was gesehen oder getan werden kann, unterscheidet sich vom Zeugen. Er kann nicht durch Tun, sondern nur durch Nicht-Tun erkannt werden; nicht durch Bemühen, sondern durch Stille. Er wird nur erkannt, wenn alles Tun aufhört, wenn kein Objekt zu sehen ist, wenn nur noch der Zeuge übrigbleibt, wenn nur noch das Sehen übrigbleibt.

Wenn wir sehen, aber nichts gesehen wird, wenn wir wissen, aber nichts gewusst wird – dann, in diesem inhaltslosen Bewusstsein, lässt sich der Allwissende erkennen. Sobald es kein Objekt mehr zu sehen gibt, hebt sich der Vorhang vor dem Sehenden, und wenn es kein Objekt mehr zu erkennen gibt, wird sich das Erkennen seiner selbst bewusst. Wenn keine Wellen mehr da sind, können wir den Ozean sehen; wenn keine Wolken mehr da sind, können wir den blauen Himmel sehen.

Dieser Ozean und dieser Himmel sind in uns allen; und wenn wir diesen Himmel, diesen Raum, kennenlernen möchten – dann ist das möglich. Es gibt einen Pfad, der dorthin führt, und er ist in jedem von uns vorhanden, er steht jedem von uns offen. Und jeder weiß, wie man diesen Pfad beschreitet. Wir wissen aber nur, wie man ihm in einer Richtung folgt. Habt ihr je bemerkt, dass eine Straße nicht nur in eine Richtung führen kann?

Jede Straße führt unvermeidlich in zwei Richtungen, in zwei entgegengesetzte Richtungen. Sonst ist es keine Straße und kann nicht existieren. Die Straße, die euch in die Abgeschiedenheit dieser Hügel geführt hat, ist die gleiche Straße, die euch wieder zurückführen wird. Es existiert nur eine Straße für das Kommen wie für das Gehen. Die gleiche Straße dient beiden Zwecken. Die Straße bleibt dieselbe, nur die Richtung ändert sich.

Die Straße, die zu *Samsara* führt, in die Welt, ist dieselbe, die auch zum Selbst führt – nur die Richtung hat sich geändert. Was so lange vor euch gelegen hat, liegt jetzt hinter euch, und ihr müsst den Blick auf das richten, was vorher hinter euch gelegen hat. Die Straße bleibt dieselbe. Wir müssen uns nur umdrehen, eine Kehrtwende vollziehen. Wir müssen dem, was wir bis jetzt vor uns gesehen haben, den Rücken zuwenden und auf das schauen, was vorher hinter uns gelegen hat.

Fragt euch, in welche Richtung ihr jetzt schaut. Was seht ihr? In welche Richtung geht der Fluss eures Sehens, eures Bewusstseins? Spürt es. Beobachtet es. Ihr werdet feststellen, dass es nach außen fließt. All eure Gedanken drehen sich um das Außen. Ihr denkt ununterbrochen über Äußerliches nach, über die Welt da draußen. Sobald ihr die Augen offen habt, seht ihr nach draußen; und wenn sie geschlossen sind, seht ihr immer noch das, was außen ist, denn die Formen und Bilder der äußerlichen Objekte, haben sich im Verstand eingeprägt, sind noch immer da. Es gibt eine Welt von Objekten außerhalb von euch, und es existiert eine weitere Welt der Gedanken im Innern, als ein Echo auf die äußeren Objekte. Auch wenn diese Welt innen ist, gehört diese Welt der Gedanken zum Außen, denn das „Ich" als Zeuge ist ebenfalls außen. Dein „Ich" sieht es also, deswegen ist diese Welt der Gedanken außen.

Wir sind umgeben von Objekten und von Gedanken. Bei genauerer Betrachtung werdet ihr jedoch feststellen, dass das Umgebensein von Objekten kein Hindernis auf dem Pfad zur Selbsterkenntnis ist, wenn wir jedoch von Gedanken umwölkt sind, ist das ein Hindernis. Wie können Objekte überhaupt die Seele umschließen? Objekte können nur Objekte umschließen. Die Seele wird von Gedanken umgeben, der Fluss des Sehens, des Bewusstseins geht in Richtung Gedanken. Gedanken – und nur Gedanken – stehen überall vor uns, und unser gesamtes Sehen wird durch sie verdeckt.

Wir müssen uns weg von den Gedanken drehen und uns dem Gedankenlosen zuwenden. Diese Richtungsänderung ist revolutionär! Wie kann man sie vollziehen? Zuallererst müssen wir wissen, wie Gedanken entstehen, erst dann können wir ihr Entstehen verhindern.

Gewöhnlich fangen sogenannte Sucher damit an, Gedanken zu unterdrücken, noch bevor sie begriffen haben, wie diese entstehen. Davon kann man verrückt werden, aber ganz sicher nicht befreit. Die Unterdrückung der Gedanken bringt nichts, denn jeden Augenblick tauchen neue auf. Sie sind wie jene mythologischen Riesen, denen man einen Kopf abschlägt, und sofort wachsen zehn neue nach.

Ich sage nicht, ihr sollt die Gedanken töten, denn sie sterben jeden Augenblick von selbst. Gedanken sind sehr kurzlebig – keiner überlebt lange. Ein einzelner Gedanke hält nicht lange, wohl aber der Gedankenprozess. Gedanken sterben einer nach dem anderen, doch der Gedankenfluss geht weiter. Sobald ein Gedanke stirbt, nimmt auch schon der nächste seinen Platz ein. Dieser Prozess spielt sich sehr schnell ab, und darin liegt das Problem. Das eigentliche Problem ist nicht der Tod eines

Gedankens, sondern seine schnelle Wiedergeburt. Deshalb sage ich euch auch nicht, dass ihr die Gedanken abtöten sollt. Ich sage, dass ihr den Prozess ihrer Geburt verstehen lernen sollt, und wie ihr ihn loswerden könnt.

Wenn ihr den Entstehungsprozess von Gedanken einmal versteht, dann könnt ihr euch leicht davon befreien. Aber wer diesen Prozess nicht versteht, schafft ständig neue Gedanken und versucht gleichzeitig, ihnen zu widerstehen. Und statt dass die Gedanken ein Ende nehmen, bricht letztlich nur derjenige zusammen, der gegen sie ankämpft.

Ich wiederhole noch einmal: Gedanken sind nicht das Problem, das Problem ist ihre Entstehung. Wie sie ins Leben kommen, ist das Problem. Wenn wir ihre Entstehung aufhalten können, wenn wir eine Geburtenkontrolle der Gedanken üben können, werden die Gedanken, die bereits aufgetaucht sind, unverzüglich verschwinden. Gedanken sterben jede Sekunde ab, ihre endgültige Zerstörung ist aber nicht möglich, weil unaufhörlich neue Gedanken auftauchen.

Was ich sagen will ist, dass wir nicht die Gedanken zerstören müssen, sondern ihre Entstehung unterbinden. Ihre Geburt zu unterbrechen, bedeutet ihre Zerstörung. Wir alle wissen, wie launenhaft der Verstand ist. Aber was bedeutet das? Es bedeutet, dass kein Gedanke lange anhält. Er hat ein Kurzzeitleben, er entsteht und vergeht wieder. Wenn wir nur sein Entstehen unterbinden können, brauchen wir keine Gewalt anzuwenden, um ihn zu töten – er wird ganz von selbst sterben.

Wie entsteht ein Gedanke? Die Zeugung und Geburt eines Gedankens ist das Resultat unserer Reaktion auf die Außenwelt. Außen besteht eine Welt von Ereignissen und Objekten, und allein unsere Reaktion darauf ist verantwortlich für die Entstehung der Gedanken. Ich betrachte eine Blume. Betrachten ist nicht Denken, und wenn ich einfach nur hinschaue, wird auch kein Gedanke erzeugt. Aber sobald wir schauen, sagen wir auch schon: „Was für eine schöne Blume!" – und ein Gedanke ist entstanden.

Betrachte ich aber die Blume nur, genieße ich ihre Schönheit, entsteht kein Gedanke. Aber sobald wir die Chance einer Erfahrung machen, kleiden wir das in Worte. Sobald also eine Erfahrung mit Worten bedacht wird, hat die Geburt der Gedanken begonnen.

Diese Reaktion, diese Gewohnheit, Erfahrungen in Worte zu kleiden, erstickt die Erfahrung. Die Erkenntnis des Sehens wird mit Gedanken belegt. Die Erfahrung wird unterdrückt, das Sehen wird unterdrückt, und bloße Worte bleiben übrig, die sich im Verstand herumtreiben. Und genau diese Worte sind unsere Gedanken. Diese Gedanken sind aber sehr kurzlebig, und noch bevor ein Gedanke abstirbt, verwandeln wir bereits eine neue Erfahrung in Gedanken. Dieser Prozess zieht sich durch unser ganzes Leben. Wir sind so mit Worten angefüllt und beladen, dass wir uns in ihnen verlieren. Das Aufgeben dieser Gewohnheit, unser Sehen und unsere Erfahrungen in Worte zu hüllen, bedeutet, die Entstehung von Gedanken auszuschalten.

Versucht das zu verstehen. Ich schaue euch an, und wenn ich euch einfach weiter anschaue, ohne es in Worte zu fassen, was passiert dann? So wie ihr jetzt seid, könnt ihr euch nicht einmal vorstellen, was dann passiert.

Es kommt zu einer großen Revolution, wie man sie noch nie gesehen hat. Worte stehen im Weg und halten die Auslösung dieser Revolution auf. Die Entstehung der Gedanken verhindert diese Revolution.

Wenn ich euch weiter anschaue und nichts in Worte fasse, wenn ich einfach weiter schaue, erlebe ich, wie ein existenzieller Frieden über mich kommt und wie sich eine Qualität der Leere, des Nichts überallhin ausbreitet, weil das Abwesendsein der Worte diese Leere ist.

In dieser Leere, in dieser Lücke, nimmt die Richtung des Bewusstseins eine neue Wende, und ich sehe nicht nur euch, sondern auch derjenige, der sieht, erscheint allmählich. Am Horizont unseres Bewusstseins liegt ein neues Erwachen, als ob wir von einem Traum aufwachten und unser Herz mit reinem Licht und unendlichem Frieden angefüllt würde. In diesem Licht kann das Selbst gesehen werden. In dieser Lücke kann die Wahrheit erfahren werden.

Letztlich geht es in diesem Meditationscamp darum, unser Sehen nicht mit Worten zu bedecken. Ich nenne es das Experiment der rechten Achtsamkeit. Ihr müsst darauf achten, müsst bewusst bleiben, damit sich keine Worte bilden, dass keine Worte dazwischen kommen. Das ist möglich, denn schließlich handelt es sich nur um eine Gewohnheit.

Ein neugeborenes Kind sieht die Welt ohne vermittelnde Worte. Das ist reines, direktes Sehen. Später gewöhnt es sich daran, Worte zu benutzen, denn Worte sind in seinem äußeren Leben, in der Außenwelt hilfreich und nützlich. Was aber im äußeren Leben nützlich ist, wird im Erkennen des inneren Lebens zum Hindernis. Das ist der Grund, warum ein alter Mann in sich die kindliche Fähigkeit reinen Sehens wiedererwecken muss, bevor er sich selbst erkennen kann. Er kannte die Welt mit Hilfe von Worten, und jetzt muss er mit Hilfe des Nichts, der Leere, sich selbst kennenlernen.

Was musst du bei diesem Experiment machen? Du wirst ruhig dasitzen, den Körper entspannen und die Wirbelsäule gerade halten. Du wirst alle Körperbewegungen einstellen. Du wirst langsam und tief und ohne Erregung atmen. Du wirst still deinen eigenen Atem beobachten und auf jeden Klang hören, der von außen auf dein Ohr fällt. Du wirst in keiner Weise darauf reagieren; du wirst dem keinen Moment lang einen Gedanken schenken. Du wirst dich in einen Geisteszustand hineinversenken, in dem keine Worte sind, du einfach Zeuge bist: Du betrachtest alles, was passiert, mit Distanz.

Versuche nicht im Geringsten, dich zu konzentrieren. Sei einfach wach und beobachte, was passiert. Höre. Schließe einfach deine Augen und höre. Höre schweigend und in Stille zu. Lausche … das Zwitschern der Spatzen, das Wiegen der Bäume im Wind, das Weinen eines Kindes, das Geräusch des Wasserrads am Brunnen. Höre das Pulsieren deines Atems und deinen Herzschlag. Ein nie gekannter Friede und eine Klarheit werden sich auf euch senken.

Ihr werdet erleben, dass euer Inneres, trotz des äußeren Lärms, von Stille erfüllt sein wird. Ihr werdet eine neue Dimension des Friedens erfahren. Dann sind da keine Gedanken mehr, nur reines Bewusstsein. Und in diesem Medium der Leere richtet sich eure Aufmerksamkeit auf den Ort, der euer wirkliches Zuhause ist. Von draußen kehrt ihr nach Hause zurück. Eure Sichtweise hat euch nach außen geführt; dies jedoch wird euch wahrhaftig nach innen führen. Beobachtet einfach nur. Beobachtet eure Gedanken, euren Atem und die Bewegung am Nabel. Reagiert nicht auf etwas. Dann geschieht etwas, das nicht euer Verstand geschaffen hat, das in keinster Weise euer Werk ist. Es offenbart sich vielmehr euer Wesen, euer Sosein, eure innerste Natur, die euch zusammenhält, und dann erscheint als größte Überraschung: euer eigenes Selbst.

Ich erinnere mich an eine Geschichte.

Ein *Sadhu*, ein Sucher, stand auf einem Hügel. Es war früh morgens, und die Sonne ging gerade auf. Ein paar Freunde waren unerwegs auf einem Spaziergang. Sie bemerkten den Sadhu, wie er ganz allein dastand, und fragten sich: „Was macht er denn da?"

Einer von ihnen sagte: „Vielleicht verirrt sich seine Kuh manchmal im Dschungel, und nun steht er auf dem Hügel und hält nach ihr Ausschau."

Die anderen Freunde widersprachen. Einer meinte: „So wie er dasteht, scheint er sich nicht nach etwas umzusehen. Es sieht eher so aus, als würde er auf jemanden warten; vielleicht auf einen Freund, der ihn begleitet hat und irgendwo zurückgeblieben ist."

Aber die anderen waren auch damit nicht einverstanden.

Ein Dritter sagte: „Weder sucht er nach jemandem, noch wartet er auf jemanden. Er ist in die Betrachtung Gottes versunken."

Sie konnten sich nicht einigen und näherten sich deshalb dem Sadhu, um die Lage zu klären. Der erste fragte:

„Suchst du deine verlorene Kuh?"

Der Sadhu erwiderte: „Nein."

Ein anderer fragte: „Wartest du etwa auf jemanden?"

Darauf antwortete er: „Nein."

Der dritte fragte: „Betrachtest du Gott?"

Wiederum verneinte der Sadhu. Alle drei waren verblüfft.

Zusammen fragten sie ihn: „Was machst du hier?"

Der Sadhu sagte: „Ich mache nichts. Ich stehe nur hier. Ich bin einfach."

Wir müssen einfach da sein, so einfach ist das. Wir müssen nichts tun. Wir müssen alles loslassen und nur noch sein. Dann passiert etwas, was man nicht in Worte fassen kann. Die Erfahrung, die sich dann einstellt, lässt sich nicht in Worten ausdrücken. Es ist der Inbegriff aller Erfahrungen. Es ist die Erkenntnis der Wahrheit, unseres Selbst, des Göttlichen.

3. Kapitel

Meditation heißt Nicht-Tun

Gibt es einen Konflikt zwischen Religion und Wissenschaft?

NEIN. DAS WISSEN DER WISSENSCHAFT IST UNVOLLSTÄN-dig. Es ist, als schiene auf der ganzen Welt das Licht, während in deinem eigenen Haus Dunkelheit herrscht. Mit einem solchen unvollständigen Wissen, ohne das Wissen um sich selbst, führt das Leben ganz einfach zu Elend. Damit das Leben erfüllt wird, voller Frieden und Zufriedenheit, genügt es nicht, nur Materielles zu kennen. Auf diese Weise kommt man vielleicht zu Wohlstand, aber zu keiner Erfüllung. Auf diese Weise erlangt man vielleicht Besitztümer, das Licht aber findet man damit nicht.

Und ohne Licht, ohne Wissen, führt Besitztum in die Sklaverei – eine selbstgeknüpfte Schlinge, mit der man sich schließlich erhängt. Jemand, der nur Weltliches kennt, ist unvollkommen, und Unvollkommenheit führt ins Elend. Indem man die Welt kennt, gewinnt man Macht. Und die Wissenschaft ist eine Suche nach Wissen und Macht. Hat die Wissenschaft etwa nicht bereits die geheimen Schlüssel zur grenzenlosen Macht in die Hände der Menschheit gelegt? Aber nichts Lohnendes ist aus der Errungenschaft dieser Macht hervorgegangen. Der Mensch besitzt ohne Zweifel Macht, aber Frieden hat er keinen.

Frieden erlangt man erst, wenn man das Göttliche erkennt, nicht das Materielle. Diese Suche nach der Göttlichkeit ist Religion.

Macht ohne Frieden ist selbstzerstörerisch. Das Wissen um materielle Dinge ohne das Wissen um das eigene Selbst bedeutet Macht in den Händen von Ignoranten. Das kann zu nichts Gutem führen.

Der Konflikt zwischen Wissenschaft und Religion hat bisher nur katastrophale Resultate ergeben. Jene, die nur die Bereiche der Wissenschaft erforscht haben, sind zwar mächtig geworden, aber auch ruhelos und unglücklich. Und jene, die nur die Religion erforscht haben, erlangten zweifellos Frieden, sind aber schwach und arm geblieben. Deshalb ist diese spirituelle Disziplin bis jetzt unvollständig, etwas Halbes. Bis jetzt hat es noch keine ganze und vollständige Suche nach der Wahrheit gegeben.

Ich möchte Macht und Frieden in ihrer ungeteilten Form sehen. Ich möchte eine Synthese, eine Begegnung von Religion und Wissenschaft. Sie wird einen ganzen Menschen hervorbringen, eine unversehrte Kultur, reich an inneren und äußeren Werten. Der Mensch ist weder nur Körper noch nur Seele, sondern eine Begegnung dieser beiden. Darum ist ein Leben, das sich nur auf eines der beiden stützt, unvollständig.

*Was ist deine Meinung dazu, dem weltlichen
Leben zu entsagen? Ist Sannyas – ein Sucher werden –,
nur möglich, wenn man der Welt entsagt?*

Es besteht kein Konflikt zwischen der Welt und Sannyas. Es ist nicht die Welt, sondern die Unwissenheit, die man aufgeben muss. Die Welt aufzugeben ist nicht Sannyas. Das Erwachen des Wissens, der Selbsterkenntnis, das ist Sannyas. Dieses Erwachen führt dazu, nicht der Welt selbst zu entsagen, sondern dem Verhaftetsein an sie. Die Welt bleibt, wo sie ist und wie sie ist, wir aber werden transformiert. Unsere Sichtweise wird transformiert. Diese Transformation ist etwas originäres. In diesem erwachten Zustand müssen wir überhaupt nichts aufgeben. Alles, was nutzlos und überflüssig ist, fällt automatisch ab, wie eine reife Frucht vom Baum. Genau wie die Dunkelheit verschwindet, wenn das Licht erscheint, verschwindet auch alle Unreinheit mit dem wachsenden Wissen, und was übrigbleibt, ist Sannyas.

Sannyas hat nichts mit der Welt zu tun. Es hat mit dem Selbst zu tun. Es ist die Reinigung des Selbst. Es ist genau wie die Reinigung von unreinem Gold. Es gibt keinen Unterschied zwischen reinem Gold und unreinem Gold, nur eine Veredlung. Das Leben vom Standpunkt der Unkenntnis seiner selbst zu betrachten ist *Samsara*, Weltlichkeit; das Leben vom Standpunkt der Selbsterkenntnis zu betrachten ist Sannyas.

Darum scheint es mir immer falsch, wenn jemand sagt, er habe Sannyas „genommen". Dieses „Nehmen" von Sannyas schafft den Eindruck, es stehe im Gegensatz zur Welt. Ist Sannyas denn etwas, was man nehmen könnte?

Kann jemand sagen, er habe Wissen „genommen"? Und wird alles Wissen, das so genommen wird, wahres Wissen sein? Sannyas, das „genommen" wird, ist nicht Sannyas. Ihr könnt euch nicht mit dem Mantel der Wahrheit bedecken. Wahrheit muss in einem selbst erweckt werden.

Sannyas wird geboren, es entsteht durch Verstehen und durch dieses Verständnis werden wir transformiert. Wenn unser Verständnis sich verändert, wird auch unsere Sichtweise und unser Verhalten automatisch verändert. Die Welt bleibt, wo sie ist, und Sannyas nimmt langsam in uns Form an. Sannyas ist das Bewusstsein, dass ich nicht nur Körper bin, sondern auch die Seele. Mit diesem Verständnis fallen Beschränktheit und Verhaftetsein innerlich weg. Die Welt war da draußen und wird auch weiter dort bleiben, aber in unserem Inneren gibt es kein Festhalten mehr daran. Mit anderen Worten: Im Inneren wird es keine Welt, kein *Samsara* mehr geben.

Der Versuch, sich an die äußere Welt zu klammern, beruht auf Unkenntnis und der Versuch, ihr zu entsagen, ebenso, denn in beiden Fällen bleibt ihr weiter in einer Beziehung zur Unkenntnis. Sowohl das Festhalten an der Welt als auch ihre Ablehnung – beides beruht auf Unkenntnis. Das Sich-nicht-beziehen wächst über beide hinaus. Nicht verhaftet sein bedeutet nicht, Entsagung der Welt. Wenn es kein Entsagen und kein Festhalten mehr gibt, dann ist das Sannyas. Frei werden von Festhalten und Entsagen geschieht durch Verstehen, durch Erkenntnis. Festhalten entsteht durch Ignoranz, und wenn man dessen überdrüssig ist, erfolgt als Reaktion darauf Entsagung. Aber auch das ist ignorant. Im ersten Fall läuft jemand auf die Welt zu, im zweiten Fall von ihr weg. In beiden Fällen läuft er und weiß nicht, dass die Glückseligkeit dessen, der in uns wohnt, nicht erlangt werden kann, indem man der Welt nachläuft oder vor ihr davonläuft. Glückseligkeit ist fest im eigenen Selbst verankert. Wir müssen weder zur Welt hin- noch von ihr weglaufen. Wir müssen nach innen gehen, zu unserem wahren Selbst.

Denkt daran, wir müssen in unser Selbst gehen. Dieses Zu-sich-selbst-Kommen ist weder durch Festhalten noch durch Entsagen möglich. Es ist nur möglich, indem man Zeuge des innewohnenden Konflikts zwischen Festhalten und Entsagen wird. Es gibt in uns jemanden, der Zeuge dieser Verhaltensweisen ist – ihn gilt es zu erkennen. Ihn, der nichts anderes ist als ein Zeuge. Das befreit uns automatisch von beiden und die Selbsterkenntnis folgt auf ganz natürliche Weise

Dann ist es deiner Meinung nach unsinnig, Heim und Familie zu verlassen?

Ich erinnere mich an ein Sutra Mahaviras. Er sagte: „Unbewusstheit ist ein Besitz." Er sagte nicht, zu besitzen sei Unbewusstheit. Warum? Aus Blindheit und innerer Unbewusstheit halten wir uns an weltlichen Dingen fest. Innerlich sind wir leer und verarmt, und so füllen wir uns mit äußeren Objekten. So glauben wir dann, wir seien wichtige Persönlichkeiten. Kann man sich wirklich von der Abhängigkeit befreien, wenn man sich unter diesen Umständen daraus löst, jedoch innerlich blind bleibt?

So wird man Dinge los, nicht aber die Abhängigkeit. Die Abhängigkeit besteht weiter. Wenn man sein Zuhause verlässt, um in einen Ashram zu ziehen, wird die Bindung an den Ashram an die Stelle der Bindung an sein Zuhause treten. Wenn man seine Familie verlässt, um in eine Sekte einzutreten, wird man genauso an der Sekte hängen, wie man vorher an der Familie gehangen hat. Die Abhängigkeit ist im Inneren und wird unter jeder neuen Bedingung wieder zum Ausdruck kommen.

Darum haben die Wissenden geraten, der Unwissenheit, der Ignoranz zu entsagen, nicht den materiellen Gegenständen. Wenn einmal das Wissen erwacht, ist es nicht einmal nötig, die unnützen Dinge aufzugeben – sie fallen von selbst weg.

Osho, müssen wir unseren Geist konzentrieren, um zum Nicht-Denken zu gelangen?

Ich sage nicht, ihr sollt euch konzentrieren. Konzentration ist eine Art Zwang, eine Anspannung. Wenn man sich auf einen Gedanken, auf eine Form, ein Bild oder ein Wort konzentriert, führt das weder zum Nicht-Denken noch zum Erwachen des Bewusstseins, sondern zu einem unbewussten Zustand geistiger Benommenheit.

Es ist wie Selbsthypnose. Erzwungene Konzentration führt zu Unbewusstheit. Und es ist ein Irrtum, diese Unbewusstheit für *Samadhi* zu halten. *Samadhi* ist weder ein Zustand der Unbewusstheit noch der Benommenheit.

Samadhi ist das Erlangen des vollkommenen Bewusstseins. *Samadhi* ist die Verbindung von Nicht-Denken und vollkommener Bewusstheit.

Wie sollen wir in der Meditation den Prozess des Ein- und Ausatmens beobachten?

Haltet die Wirbelsäule gerade, nicht gebeugt. Wenn man das Rückgrat gerade hält, ist der Körper in einem Zustand des natürlichen Gleichgewichts. In dieser Stellung hat die Schwerkraft der Erde eine gleichbleibende Wirkung auf den Körper, und es ist einfach, sich ihrer Anziehungskraft zu entziehen. Wenn die Schwerkraft am geringsten ist, mischt sich der Körper nicht ein, leer zu werden und sich des Denkens zu entledigen. Haltet die Wirbelsäule gerade, ohne angespannt oder steif zu werden. Lasst den Körper sich entspannen, als sei die Wirbelsäule wie ein Kleidungsstück, das an einem Kleiderhaken hängt.

Entspannt den Körper völlig und atmet langsam und tief. Das Ein- und Ausatmen bewegt die Nabelgegend auf und ab. Beobachtet diese Bewegung weiter. Ihr braucht euch nicht darauf zu konzentrieren, beobachtet einfach. Seid Zeuge. Denkt daran, ich bin nicht für Konzentration. Ich rate einfach, bewusst zu beobachten.

Atmet wie die Kinder – ihre Brust bewegt sich nicht; ihr Bauch bewegt sich. Das ist das natürliche Ein- und Ausatmen. Durch dieses natürliche Atmen werden wir von einem Frieden erfüllt, der sich immer mehr vertieft.

Bedingt durch unseren gestörten und angespannten Geisteszustand haben wir nach und nach die Fähigkeit eingebüßt, tief und voll zu atmen. In der Pubertät ist das oberflächliche und künstliche Atmen zur Gewohnheit geworden. Ihr habt sicher schon bemerkt, dass euer Atem umso weniger natürlich und rhythmisch ist, je mehr euer Verstand beschäftigt ist. Atmet natürlich – rhythmisch, ohne Anstrengung. Die Harmonie des natürlichen Atems hilft, die geistige Ruhelosigkeit zu vertreiben.

Warum rätst du uns, den Atem zu beobachten?

Ich tue das, weil der Atem – das Ein- und Ausatmen –, die Brücke zwischen dem Körper und der Seele ist. Dank des Atems wohnt die Seele im Körper. Wenn man sich des Atems bewusst wird, durch die direkte Erfahrung des Atmens, spürt man nach und nach, dass man nicht der Körper ist.

„Ich bin zwar der Körper, aber nicht nur. Er ist meine Wohnstatt, nicht aber mein Ursprung." Während sich die direkte Erfahrung des Atmens vertieft, erlebt man die Anwesenheit desjenigen, der nicht der Körper ist.

Es kommt der Moment, in dem man klar sieht, dass das Selbst nicht der Körper ist. Dann entdeckt man die drei Lagen unserer Persönlichkeit – der Körper, der Atem und die Seele. Der Körper ist die Schale; der Atem ist die Brücke, das Verbindungsglied; die Seele, das Selbst, ist der Ursprung.

Der Atem spielt eine höchst wichtige Rolle auf dem Pfad zur Selbsterkenntnis, denn das Atmen ist der Mittelpunkt. Auf der einen Seite ist der Körper, auf der anderen die Seele. Wir existieren bereits auf der physischen Ebene, wonach wir uns aber sehnen ist, in den Bereich der Seele vorzudringen. Bevor dies jedoch geschehen kann, ist es unerlässlich, sich auf die Ebene des *Prana*, des Atems zu begeben.

Der Wechsel geschieht durch das Atmen. Schaut man von der Ebene des Atems aus, kann man beide Seiten sehen. Von hier aus werden die Wege zum Körper und zur Seele hin klar sichtbar. Obwohl die Straße ein und dieselbe ist, sind jetzt beide Richtungen deutlich erkennbar. Dann wird es einfacher, dem Atem zu folgen. Ich hoffe, ihr versteht jetzt, warum ich so viel Wert auf den Atem lege.

Warum sagst du, Meditation sei ein Nicht-Tun?
Ist es nicht auch eine Tätigkeit?

Seht bitte her. Meine Faust ist geschlossen. Um die Faust zu schließen, muss ich eine positive Handlung ausführen. Das Schließen ist eine Handlung, ein Tun. Wenn ich sie aber öffnen will, was muss ich dann machen? Ich brauche überhaupt nichts zu machen, um sie zu öffnen. Wenn ich einfach aufhöre, mich anzustrengen, eine Faust zu machen, öffnet sie sich ganz automatisch, und die Hand kehrt zu ihrem natürlichen und normalen Zustand zurück. Darum würde ich das Öffnen der Faust auch nicht als eine Tätigkeit bezeichnen. Es ist ein Nicht-Tun oder falls es euch lieber ist, eine „negative Handlung". Aber das ändert nichts; es ist dasselbe. Ich möchte nicht über Worte streiten, nur dass ihr die wirkliche Bedeutung des Gesagten versteht.

Indem ich Meditation als „Nicht-Tun" bezeichne, möchte ich darauf hinweisen, dass ihr Meditation nicht als eine Aufgabe oder Tätigkeit betrachten sollt. Meditation ist ein Zustand des Nichtbeschäftigtseins. Sie ist etwas Natürliches, und ihr könnt sie nicht in irgendeine mentale Spannung verwandeln. Falls Meditation eine mentale Anspannung wäre, ein Tun, dann führte sie euch weder zu eurer eigentlichen Natur noch zu geistigem Frieden.

Spannung ist eine Art Ruhelosigkeit, und wenn man Frieden erlangen möchte, sollte man damit anfangen, ruhig zu werden. Wenn zu Anfang weder Friede noch Ruhe da ist, werden sie auch am Ende nicht da sein. Das Ende ist nur der Höhepunkt des Anfangs.

Ich sehe die Leute zum Tempel gehen, und ich sehe sie ihre Götter anbeten. Ich sehe sie auch in Meditation sitzen. Aber für sie alle ist es eine Tätigkeit, eine Art angespannte Ruhelosigkeit, und es ist absoluter Unsinn, wenn sie erwarten, dieses ganze Tun werde schließlich die Blumen und Früchte der Gelassenheit hervorbringen.

Falls ihr Frieden wollt, falls ihr friedlich sein wollt, ist es unerlässlich, dass ihr vom ersten Moment an friedvoll beginnt.

4. Kapitel

Anhalten und schauen!

SUCHT NICHT NACH DER WAHRHEIT. IM SUCHEN VERBIRGT sich das Ego, und das Ego ist das Hindernis. Verliert euch einfach, verschwindet. Erst wenn das Ego, das „Ich", zu existieren aufgehört hat, kann man das wahre Selbst erkennen.

Erst wenn die „Ich-heit" verschwindet, wird das Sosein, des Selbst gesehen. Kann man die Realität erkennen? Nur indem man sich verliert, gelangt man zu sich selbst. Genauso wie neues Leben nur aus einem Samen hervorsprießt, wenn dieser Samen auseinanderbricht und zu sein aufhört, schießt auch der Sprössling der Unsterblichkeit nur hervor, wenn der Samen, das „Ich", das die Seele verhüllt, auseinanderbricht und zu sein aufhört.

Erinnert euch an folgendes Sutra: Um das Selbst zu erlangen, müsst ihr aufhören zu sein. Unsterblichkeit muss mit dem Tod bezahlt werden. Ein Regentropfen wird zum Ozean, wenn er sich im Ozean verliert.

Ihr seid die Seele; wenn ihr aber in eurem Inneren nach ihr sucht, findet ihr dort nichts als Verlangen. Unser ganzes Leben besteht nur aus Verlangen – dem Wunsch, etwas zu werden, etwas zu erreichen. Jeder will etwas werden, etwas erreichen. Das Wettrennen ist jeden

Augenblick unseres Lebens in vollem Gang. Niemand will bleiben, wo er ist. Alle wollen da sein, wo sie nicht sind. Dieses Verlangen ist eine vage Unzufriedenheit mit dem, was man ist oder was man hat, und ein blindes Sehnen nach dem, was man nicht ist oder was man nicht hat. Dieses wahnsinnige Rennen nimmt kein Ende, denn sobald man etwas erreicht, wird es wertlos, und das Verlangen umkreist wieder das, was man noch nicht hat. Der Wunsch richtet sich immer auf das Unerreichte.

Das Verlangen ist wie der Horizont. Je mehr ihr versucht, ihn zu erreichen, desto mehr entzieht er sich euch. Das ist so, weil der Horizont gar nicht existiert. Er ist nur eine Erscheinung, eine Illusion. Er existiert nicht wirklich. Wäre er wirklich, käme er einem näher, wenn man auf ihn zuginge; wäre er unwirklich, würde er sich auflösen, sobald man ihm näherkäme. Wenn er aber weder wirklich noch unwirklich ist, wenn es sich nur um eine Erscheinung, um einen Traum, eine Illusion, um reine Einbildung handelt, bleibt er so weit entfernt wie zuvor, wie sehr man sich auch bemüht, sich ihm zu nähern.

Unwirklichkeit ist das Gegenteil von Wirklichkeit. Die Welt der Illusion, *Maya,* ist nicht das Gegenteil der Wirklichkeit, sondern ihr Schleier, ihre Hülle. Begehren ist nicht das Gegenteil der Seele, des *Atman*, sondern ihr Schleier, ihre Hülle. Es ist ein Nebel, ein Rauch, der unser Wesen, unsere Seele versteckt. Wir jagen etwas nach, was wir nicht sind, und so können wir nicht sehen, was wir wirklich sind. Verlangen ist der Vorhang, der sich über die Seele gelegt hat, und so können wir sie nicht erkennen. Solange wir ständig etwas anderes werden wollen, können wir unser eigentliches Wesen nicht erkennen.

Falls dieses Rennen, dieses Verlangen, etwas anderes zu werden, auch nur für einen Moment stoppt, wird das, was ist, sichtbar – so wie die Sonne sichtbar wird, wenn sich der Himmel auftut, die Wolken verschwinden. Ist dieses Rennen nicht da, dann ist das *Dhyana*, Meditation. Und welch ein Staunen im Augenblick, wo man erkennt, was wirklich ist! Dann sind alle unsere Wünsche erfüllt. Das Schauen der Seele ist die absolute Befriedigung aller Wünsche, denn dort fehlt nichts.

Denken ist ein Zeichen von Unwissenheit. Im Verstehen gibt es kein Denken; man sieht einfach. Der Pfad des Denkens wird euch niemals zum Wissen führen. Bewusstsein, frei von Gedanken, ist die Tür zum Wissen. Verstehen ist keine Errungenschaft, es ist eine Entdeckung. Wir brauchen es nicht zu erlangen, wir müssen es nur entdecken. Es ist immer in uns gegenwärtig. Wir müssen es ausgraben, wie wir einen Brunnen ausheben. Die Frischwasserquellen liegen tief unter der Erde, unter Felsen und Steinen begraben. Sobald alles entfernt ist, bricht die Quelle hervor.

Frische Quellen, natürliche Wasservorräte liegen unter Felsschichten und Steinen, tief in der Erde. Sobald die Felsen und Steine entfernt sind, haben wir einen grenzenlosen Wasserstrom. Grabt einen Brunnen in eurem Inneren. Entfernt die Schichten von Gedanken mit dem Spaten der Meditation. Und macht durch rechte Achtsamkeit und ständiges Wachsein die Gedanken leblos. Was ihr dann wisst, ist Weisheit. In dieser reinen Flamme des Bewusstseins, wo keine Gedanken sind, da findet ihr zur Erkenntnis.

Ich sage nicht, ihr sollt euch in die Einsamkeit begeben.

Ich bitte euch, diese Abgeschiedenheit in euch selbst zu schaffen. Eine bloße Ortsveränderung hilft nicht; eine Veränderung der inneren Einstellung ist dazu nötig. Der zentrale und wichtigste Punkt ist nicht die Umwelt, sondern eure geistige Einstellung. Jemand kann sich in Abgeschiedenheit begeben, doch solange er in seinem Innern keine Abgeschiedenheit findet, wird er auch in seiner Einsiedelei noch von einer Menschenmenge umzingelt sein, denn seine Menschenmenge ist in ihm drin.

Meine Freunde, die Menschenmenge ist nicht außen, sie ist in eurem Inneren. Ihr seid umringt von einer inneren Menschenmenge – was hilft es also, vor der äußeren Menschenmenge wegzulaufen? Die Menschenmenge in euch wird euch in die Abgeschiedenheit begleiten. Es ist zwecklos, vor der Menschenmenge wegzulaufen. Die Menge der Wünsche im Inneren muss aufgelöst werden. Sucht deshalb nicht irgendwo anders nach Abgeschiedenheit, werdet zu einer Abgeschiedenheit.

Sobald ihr euch selbst erfahrt im Innern, in eurem Alleinsein, werdet ihr euch auch darüber klar, dass es nie eine Menschenmenge, nie eine Außenwelt gegeben hat. Alles war in eurem Inneren! Seht ihr die Welt von diesem Standpunkt aus, wird sie göttlich und von Frieden, Glückseligkeit und Ekstase erfüllt sein. Ihr werdet feststellen, dass du alles bist, was dich umgibt. Schöpfer und Schöpfung sind nicht voneinander getrennt. Sie sind in Wirklichkeit ein und dasselbe. Es muss in einem solchen segensreichen Augenblick gewesen sein, als die Mystiker der *Upanishaden* ausriefen: *„Aham Brahmasmi* – ich bin Gott, die letztendliche Wirklichkeit."

Der Staub der Jahrhunderte liegt dick auf unserem

Verstand. Alte Bräuche, Traditionen und Aberglauben liegen auf uns. Wie ein verlassenes Haus, das voller Spinnweben ist und von den Vögeln der Dunkelheit bewohnt wird, sind auch wir vollgestopft mit Gedanken, die wir von anderen ausgeliehen haben. Und diese ausgeliehenen Gedanken über die Wahrheit und über Gott sind die größten Hindernisse. Sie halten uns davon ab, die Wahrheit zu erkennen. Und auf diese Weise wird die Suche nach dem Selbst, die Suche, die unser schlafendes Bewusstsein aufwecken könnte, nie in uns beginnen.

Bevor man die Wahrheit selbst erkennen kann, muss man sich vom geborgten Wissen befreien. Es ist kein Wissen, es ist nur Information. Bürstet all diese Information von anderen, von Traditionen ab, wie den Staub von einem Hut. So bekommt ihr eine klare Sicht, und der Vorhang zwischen der Wahrheit und euch selbst ist verschwunden. Die Menge der Gedanken steht dazwischen wie eine Mauer.

Zwischen dem Wissen über die Wahrheit und dem Erkennen der Wahrheit liegen Welten. Das Wissen über die Wahrheit ist Sklaverei unter totem, ausgeliehenem Wissen; die Erkenntnis der Wahrheit selbst ist der offene Himmel der Selbstverwirklichung. Das eine nimmt euch eure Fähigkeit zu fliegen; das andere verleiht euch Flügel, die euch zur Göttlichkeit tragen können.

Leere nimmt euch die Last der Gedanken ab. So wie jemand seine Last unten in der Ebene zurücklassen muss, bevor er den Berg besteigt, muss man sich von der Last der Gedanken befreien, bevor man sich auf die Expedition nach der Wahrheit begibt. Je leichter der Bergsteiger, desto höher kann er klettern. Ebenso wird auch jemand, der den Berg der Wahrheit erklimmen möchte, an Höhe gewinnen, je unbelasteter er ist. Wer bis zum Gipfel gelangen möchte, zum höchsten Wesen, muss diese letzte Leere erreichen, wo das Sein zum Nicht-Sein wird. Der Gipfel der Vervollkommnung erfolgt in den tiefsten Tiefen der Leere, und die Musik der Existenz kommt aus der Stille der Nicht-Existenz – und dann weiß man, dass *Nirvana* selbst, die Einstellung aller Suche, das Erkennen des *Brahma*, des Schöpfers, der Göttlichkeit ist.

Wie könnte die Wahrheit, wo sie doch unbekannt ist, durch das Denken erkannt werden? Das ganze Bemühen ist absurd. Es gibt keinen Pfad, der vom Bekannten zum Unbekannten führt. Das Bekannte kann uns nicht zum Unbekannten führen. Das ist undenkbar. Es ist unmöglich. Das Bekannte kann sich nur im Kreise des Bekannten bewegen. Egal, wie angestrengt ich im Bereich des Bekannten nachdenke – es gibt keine Möglichkeit, darüber hinauszugehen oder daraus auszubrechen. Zwar bewege ich mich, aber es wird immer nur im Kreise sein, wie ein Ochse, der das Wasserrad dreht. Ich werde immer den gleichen Boden abschreiten, ohne irgendwohin zu gelangen. Bis jetzt ist noch niemand durch Denken zur Wahrheit gelangt.

Jene, die dieses Ziel erreicht haben, sind einen anderen Weg gegangen. Ich betrachte Mahavira, Laotse, Buddha oder Jesus nicht als Denker. Keine ihrer Errungenschaften war das Resultat des Denkens. Wie erreichten sie dann ihr Ziel? Nicht, indem sie den Pfad des Denkens verfolgten, sondern indem sie einen Sprung wagten, weg davon. Ihr könnt das Unbekannte nicht erreichen, indem ihr den ausgetretenen Pfad des Bekannten beschreitet.

Ihr müsst diesen Pfad verlassen und ins Unbekannte springen.

Bitte versteht die Bedeutung des Wortes „springen". Versucht diesen „Sprung" gut zu verstehen. Auch ihr müsst diesen Sprung machen. Ihr befindet euch auf der Ebene des Denkens. Ihr steht in Gedanken, ihr lebt in Gedanken und müsst von da den Sprung in den Bereich des Gedankenlosen machen. Ihr müsst in eine Welt springen, wo nichts als Stille herrscht. Ihr müsst vom Wort – das Klang ist – in die Stille springen. Wird euch das bloße Denken über den Sprung dorthin bringen? Werdet ihr darüber nachdenken, wie ihr springen sollt? Nein, denn damit würdet ihr euch einmal mehr an das Rad des Denkens binden, was euch nirgendwohin führt.

Denkt nicht nach – wacht auf! Beobachtet den Denkprozess. Seht, wie er sich im Kreise bewegt. Beobachtet ihn einfach. Und während ihr beobachtet, werdet ihr in einem günstigen Augenblick merken, dass ihr ganz ohne Mühe gesprungen seid und euch in den unausgeloteten Tiefen der Leere befindet. Sobald ihr das Ufer des Bekannten verlassen habt, werdet ihr sehen, wie leicht euer Boot auf dem Ozean des Unbekannten dahinzieht.

Und welche Freude, so dahinzuziehen – auf dem Ozean des Unbekannten dahinzusegeln! Wie unbeschreiblich!

Eure Ruhelosigkeit erlaubt euch nicht, zu sehen. Augen, die mit Tränen gefüllt sind, sehen nicht. Und ob sie mit Freudentränen oder mit Sorgentränen gefüllt sind, macht keinen Unterschied. Augen, die mit irgendwas angefüllt sind, können die Wahrheit nicht sehen. Um die Wahrheit zu sehen, braucht es klare Augen. Nur ein

Auge, das leer wie ein Spiegel ist, kann denjenigen sehen, der alles ist.

Ich möchte euch von einem Ereignis in einem Dorf erzählen. Jemand fragte mich, wie man Gott finden könne. Ich antwortete ihm mit der Frage, ob er denn schon sich selbst gefunden habe, da er sich jetzt auf die Suche nach Gott mache. Wir möchten Gott kennen, ohne uns selbst zu kennen! Wir wissen nicht einmal, was uns am nächsten steht! Kein Wesen, nichts Existierendes steht uns näher als das Selbst – die Unwissenheit muss deshalb zuerst an diesem Punkt anknüpfen und überwunden werden. Wer nichts über sein eigenes Selbst weiß, kann kein Wissen auf irgendeiner anderen Ebene erlangen.

Die Flamme der Weisheit beginnt zuerst im inneren Wesen des Menschen zu brennen. Es ist der Osten, wo die Sonne des Verstehens aufgeht. Solange dort Dunkelheit herrscht, könnt ihr sicher sein, dass auch nirgendwo anders Licht ist. Erkenne dich selbst, nicht Gott. Dieser Lichtstrahl wird letztlich in die Sonne wachsen. Wenn man sein eigenes Selbst kennt, erkennt man auch *Sat-Chit-Anand* – dass es Sein, Bewusstsein und Glückseligkeit gibt, aber kein „Ich", kein Ego. Allein diese Erkenntnis ist die Erkenntnis des Göttlichen. Der Mensch ist eine Seele, eingehüllt von einem Ego und das ist die Ignoranz. Eine Seele frei vom Ego ist Gott. Und das ist Weisheit. Wohin geht ihr auf der Suche nach eurer Seele? In keiner der zehn Himmelsrichtungen kann man sie finden. Es gibt aber noch eine weitere Richtung, eine elfte. Kennt ihr sie? Ich werde euch diese Richtung zeigen.

Ihr selbst seid diese elfte Richtung, und ihr könnt diese Richtung finden, wenn ihr aufhört, in den anderen zehn zu suchen. Die elfte Richtung ist nicht wie die übrigen zehn. Eigentlich ist es gar keine Richtung. Es ist eine Nicht-Richtung, die Verneinung der Richtung. Es führt euch dahin, von wo ihr gar nie weggegangen seid. Es ist euer eigenes Wesen, euer natürlicher Zustand.

Alle zehn Richtungen führen nach außen. Sie haben die Welt erschaffen. Die zehn Richtungen sind die Welt. Sie sind der Raum, die Lücke. Wer jedoch all diese Richtungen kennt und sich in ihnen bewegt, ist mit Sicherheit getrennt von ihnen, gewiss anders als sie – sonst könnte er sie nicht kennen noch sich in ihnen bewegen. Er bewegt sich, und gleichzeitig bewegt er sich auch nicht. Solange er nicht fest in seinem eigenen Wesen verankert ist, kann er sich nicht bewegen, denn im Zentrum all seiner Bewegungen ist Bewegungslosigkeit, im Zentrum seines sich drehenden Rades ist Beständigkeit. Habt ihr je die Räder eines Karrens betrachtet? Die Räder können sich nur bewegen, weil die Achse feststehend ist. Jeder Bewegung liegt stets etwas Festes zugrunde, das sie aufrechterhält.

Das Leben ist unstet und vergänglich, die Seele aber ist beständig und bleibend. Die Seele ist die elfte Richtung. Man muss nirgendwo hingehen, um sie zu suchen. Gebt alle Suche auf und seht, wer in euch wohnt. Wacht auf und seht den, der ist. Das ist möglich, indem man die Suche aufgibt. Im Laufen ist es nicht möglich, es ist nur im Anhalten möglich.

Haltet an und schaut!

Diese beiden Worte sind der Kern der Religion, jeglichen spirituellen Bemühens und jeglicher spirituellen Praxis. Haltet an und schaut, und die elfte Richtung öffnet sich vor euch. Durch sie begebt ihr euch in den inneren Raum. Der innere Raum ist die Seele.

Ich sehe, wie ihr alle hinter etwas herrennt, aber alles Rennen endet bloß in einem Sturz. Seht ihr nicht, wie Leute jeden Tag hinfallen? Kommt das etwa nicht vom Rennen? Endet etwa nicht alles Rennen im Tod? Jene aber, die diese Wahrheit von Anfang an erkennen, werden am Ende vor dieser Katastrophe bewahrt.

Ich möchte, dass ihr anhaltet und schaut. Werdet ihr das tun? Hört ihr meinen Ruf mitten in eurem rasenden Lauf? Haltet an und schaut hin, wer da läuft. Haltet an und schaut, wer da sucht. Haltet an und schaut dieses „Ich", dieses Selbst an. Sobald das Lauffieber vergeht, vergehen auch alle zehn Himmelsrichtungen, und nur diese eine Richtung, diese Nicht-Richtung, bleibt übrig. Sie führt euch zu den Wurzeln, zur Quelle, zum Brunnen des höchsten Wissens.

Ein Meister fragte einmal die Leute, was sie vor ihrer Geburt waren. Was werdet ihr dem Meister antworten, wenn ihr ihm begegnet? Wisst ihr, was ihr vor eurer Geburt wart? Wisst ihr, was ihr nach eurem Tod sein werdet? Wenn ihr anzuhalten und zu schauen lernt, könnt ihr es erfahren. Ihr könnt das erkennen, was vor der Geburt existierte, und das, was auch nach dem Tod noch existieren wird, und das, was in diesem Augenblick in eurem Inneren existiert. Es geht nur darum, sich etwas umzudrehen und zu schauen. Haltet an und schaut.

Ich lade euch ein, mit mir in diese wunderbare Welt zu reisen.

5. Kapitel

Natürliche Moral

ICH KANN EURE SEHNSUCHT UND EURE UNGEDULD GUT verstehen. Es drängt euch danach, die Wahrheit zu kennen und sie zu verstehen. Ihr wollt das Mysterium des Lebens enthüllen, damit ihr Zugang zu seiner Fülle habt. Was wir jetzt Leben nennen, ist eigentlich kein Leben. Man kann es nur als einen ausgedehnten, langwierigen Sterbensprozess bezeichnen.

Es stimmt, man kann das Leben nicht erlangen, ohne es zu kennen. Die Geburt das eine, aber das Leben etwas ganz anderes. Es besteht ein riesiger Unterschied zwischen dem Geborenwerden und dem Leben an sich. Der Unterschied ist so groß wie jener zwischen Tod und Unsterblichkeit. Der Tod ist das unvermeidliche Ende des Lebens, während die Vervollkommnung eines Lebens sich in einem Leben verbirgt, das göttlich ist.

Für jene, die ein göttliches Leben führen möchten, die Gott, die Wahrheit kennenlernen wollen, gibt es, so scheint mir, zwei Möglichkeiten, zwei Wege. Einer ist der Weg der Moral; der andere der Weg der Religion. Moral und Religion werden normalerweise nicht als unterschiedliche Pfade gesehen, sondern eher wie zwei aufeinanderfolgende Sprossen einer Leiter. Üblicherweise glaubt man, dass jemand, der religiös werden möchte, erst moralisch sein müsse. Ich sehe es nicht so.

Ich werde euch sagen, was ich erkannt habe. Ich finde nicht, dass ein moralischer Mensch unbedingt ein religiöser Mensch sein muss, wogegen ein religiöser Mensch unweigerlich moralisch ist. Man wird nicht einfach religiös, nur indem man moralisch wird, noch ist die Moral der Ausgangspunkt, die Grundlage der Religion.

Im Gegenteil: Moral ist das Resultat der Religiosität. Die Blüten der Moral erblühen an der Pflanze der Religion. Moral ist der Ausdruck eines religiösen Lebens. Ich sehe Religion und Moral als zwei unterschiedliche Richtungen an – nicht nur unterschiedlich, sondern entgegengesetzt. Dies will ich euch erklären.

Moral, Disziplin bedeuten Reinigung der Lebensführung, Reinigung des Verhaltens. Es ist ein Versuch, die Persönlichkeit des Menschen an seiner Peripherie zu verändern. Diese Peripherie der Persönlichkeit resultiert aus unserem Umgang mit anderen. Sie ist unser Verhalten, unsere Beziehung zu anderen. Wie ich mich anderen gegenüber verhalte oder benehme, das ist mein Verhalten. Verhalten ist eine Beziehung.

Ich bin nicht allein; ich bin umgeben von Leuten. Und da ich in einer Gesellschaft lebe, komme ich jeden Augenblick meines Lebens in Kontakt mit irgendjemandem oder beziehe mich auf jemanden. Unser Leben scheint aus diesen gegenseitigen Beziehungen zu bestehen. Und ob ich mich gut oder schlecht verhalte, hängt davon ab, ob meine Beziehungen gut oder schlecht sind.

Man bringt uns gutes Benehmen bei. Man lehrt uns, dies sei um der Gesellschaft willen notwendig, es sei eine soziale Notwendigkeit. Die Gesellschaft hat aber nichts mit euch, mit eurer einfachen, natürlichen Persönlichkeit zu tun. Von diesem Blickwinkel aus gesehen würde die Gesellschaft nichts verlieren, wenn ihr aufhören würdet zu existieren. Erst wenn ihr mit jemandem oder mit etwas in Beziehung tretet, werdet ihr für die Gesellschaft wichtig. Nicht ihr, sondern euer Umgang mit anderen ist wichtig für die Gesellschaft. Nicht ihr, sondern euer Verhalten ist bedeutsam. Darum überrascht es auch nicht, dass gutes Benehmen das Ziel der Erziehung ist, die von der Gesellschaft vermittelt wird. Für die Gesellschaft besteht der Mensch nur aus seinem Verhalten, aus nichts anderem.

Diese Erziehung zum guten Benehmen, diese Moral der Gesellschaft, ist jedoch ein Trugschluss und hat eine grundlegende Täuschung erzeugt. Es liegt nahe, dass jene, die danach streben, Gott zu erkennen und zur Religion zu gelangen, glauben, es sei notwendig, erst tugendhaft zu werden, umso Wahrheit und Rechtschaffenheit zu erlangen. Es liegt ebenso nahe, dass sie glauben, die Erkenntnis Gottes sei nur durch das richtige Verhalten möglich und dass man vor dem Erkennen der Wahrheit erst tugendhaft werden müsse. Sie glauben, die Erkenntnis der Religion und der Wahrheit werde sich allein aus einem moralischen Leben entwickeln, und dass Moral die Grundlage und Religion der Höhepunkt sei, die Moral der Samen und Religion die Frucht, die Moral die Ursache und Religion die Wirkung.

Diese Denkweise erscheint sehr klar und korrekt; ich möchte euch aber sagen, dass diese scheinbar einfache und klare Denkweise absolut irreführend ist und eine pervertierte Sichtweise der Wirklichkeit vermittelt. In Wahrheit sieht die Sache ganz anders aus. Fest steht, dass moralische Lehren niemanden moralisch, geschweige denn religiös machen. Sie machen den Menschen sozialverträglich, und dieses Sozialsein wird fälschlicherweise mit Moralischsein verwechselt. Gutes Benehmen allein macht noch niemanden moralisch. Solch eine Transformation bedarf einer inneren Reinigung. Ohne euer inneres Wesen zu transformieren, könnt ihr euer Verhalten nicht ändern. Der Versuch, die Peripherie zu verändern, ohne das Zentrum zu verändern, ist eine vergebliche Liebesmühe.

Der Versuch ist nicht nur nutzlos, sondern schädlich. Ihr tut euch damit Gewalt an, ihr quält euch damit nur selbst. Ganz ohne Zweifel erfüllt dieser Druck die Bedürfnisse der Gesellschaft, doch das Individuum bricht darunter zusammen und kommt ans Ende seiner Kräfte. Er erzeugt eine Spaltung, eine Dualität in ihm. Die Persönlichkeit verliert ihre natürliche Einfachheit, und leidet unter dem Konflikt in ihrem Inneren. Es ist ein ständiger Kampf, ein nie endender innerer Streit, der nie zum Sieg führen kann. Das heißt, die Bedürfnisse der Gesellschaft auf Kosten des Individuums zu befriedigen. Ich nenne das soziale Gewalt. Was immer der Mensch durch sein Verhalten ausdrückt, ist unwichtig. Was wirklich wichtig ist, sind die inneren Beweggründe, die zu diesem Verhalten führen. Verhalten ist ein Zeichen der inneren Einstellung, es ist aber nicht die Wurzel. Verhalten ist die äußere Form einer inneren Einstellung. Nur Ignoranten versuchen äußere Erscheinungsformen zu verändern, ohne ihre Ursachen anzugehen.

Diese Form spiritueller Bestrebung ist sinnlos; sie kann nie Früchte tragen. Sie ist wie das Verhalten eines Mannes, der versucht, einen Baum zu fällen, indem er dessen Äste beschneidet. Statt zerstört zu werden, wird der Baum nur noch mehr Blattwerk treiben. Das Leben eines Baumes liegt nicht in seinen Ästen, sondern in seinen Wurzeln, in den unsichtbaren Wurzeln, die in der Erde verborgen sind. Es sind die latenten Hoffnungen und Wünsche der Wurzeln, die ihre Form im Baum und seinen Ästen gefunden haben. Was könnte also ein Beschneiden der Äste nützen?

Wenn ihr euer Leben wirklich revolutionieren wollt, müsst ihr zu den Wurzeln vordringen. Die Wurzeln des menschlichen Verhaltens liegen in seinem inneren Wesen. Sein Verhalten richtet sich nach dem inneren Wesen. Das innere Wesen richtet sich nicht nach seinem Verhalten. Darum nimmt auch jedes Bemühen, das Verhalten zu verändern, unweigerlich die Form von Unterdrückung an. Kann aber Unterdrückung irgendeine Transformation bewirken? Was ist überhaupt Unterdrückung? Unterdrückung heißt, spontanen Gefühlen im Inneren nicht zu erlauben zu wachsen und sich auszudrücken; Unterdrückung bringt etwas durch Zwang hervor, was nicht wirklich da ist. Wohin aber geht das, was wir unterdrücken? Werden wir so frei davon? Wie kann Freiheit aus Unterdrückung entstehen? Die unterdrückten Gefühle sind weiterhin in uns, nur müssen sie jetzt tiefere, dunklere und unbewusstere Ecken finden, wo sie überleben können. Sie dringen in noch tiefere Regionen vor, verstecken sich dort, wo sie selbst unser unterdrücktes Bewusstsein nicht mehr finden kann.

Doch die Wurzeln, die in die Tiefe gegangen sind, sprießen weiter; die Äste blühen und tragen Früchte, und dies führt zu einem solchen Konflikt zwischen unserem Bewussten und unserem Unbewussten, dass letztlich nur Wahnsinn dabei herauskommt.

Wahnsinn ist das naturgemäße Resultat einer Zivilisation, die auf dieser falschen Moral beruht. Deswegen nimmt der Wahnsinn mit dem Fortschreiten der Zivilisation zu, und vielleicht kommt die Zeit, wo unsere ganze Zivilisation im Wahnsinn enden wird. Die letzten zwei Weltkriege gehören zu dieser Art von Wahnsinn, und wir sind dabei, auf einen dritten und vielleicht endgültigen Konflikt zuzusteuern.

Die Detonationen im persönlichen Leben eines Menschen, und jene, die in der Gesellschaft stattfinden – Gewalt, Vergewaltigung, Sittenverfall, Brutalität – sind alle das Resultat von Unterdrückung. Ein Mensch kann wegen dieser Unterdrückung kein moralisches und natürliches Leben führen, und eines schönen Tages gibt er ganz einfach den Spannungen nach. Wer Zuflucht in der Heuchelei nimmt, rettet sich zweifellos vor diesen inneren Spannungen. Man gibt vor, etwas zu sein, was man in Wahrheit gar nicht ist und hat keine inneren Konflikte, weil man ständig irgendeine Rolle spielt.

Heuchelei entsteht ebenfalls aus einer Moral, die sich auf Unterdrückung stützt. Sie ist ein Mittel, sich von inneren Konflikten fernzuhalten. Wie ich bereits gesagt habe, lassen wir in unserem sogenannten moralischen Leben die spontanen Gefühle nicht wachsen und sich ausdrücken, sondern wir drücken Gefühle aus, die eigentlich nicht wirklich da sind.

Der erste der beiden Prozesse führt zur Unterdrückung, der zweite macht dich zum Heuchler. Letztlich treibt einen der erste Prozess zum Wahnsinn; der zweite zur Heuchelei. Keiner von beiden ist gut; keinen der beiden solltet ihr wählen. Leider bietet unsere Zivilisation aber nur diese beiden Alternativen. Es gibt zwar noch eine dritte Möglichkeit, das Leben eines Tieres zu führen, daraus entsteht dann der Kriminelle. Wenn wir uns jedoch davor hüten wollen, zum Tier zu werden, dann bietet uns unsere Zivilisation nur die zwei oben genannten Alternativen.

Zum Tier zu werden bedeutet, sich ganz den unbewussten Instinkten zu überlassen. Aber das ist nicht möglich, denn was im Menschen bewusst geworden ist, kann nicht wieder unbewusst werden. Genau diese Unbewusstheit suchen wir, wenn wir uns betrinken. Die Suche nach Rauschmitteln deutet auf unseren Wunsch hin, wieder zum Tier zu werden. Erst in einem vollkommen unbewussten Zustand kommt der Mensch wieder in Einklang mit der Natur, mit dem Tier. Aber das kommt dem Tod gleich. Das ist eine ernste Sache und verdient unsere höchste Aufmerksamkeit.

Wie wird ein Mensch zum Tier, wenn er unbewusst ist, und warum sucht er die Unbewusstheit, um wieder zum Tier zu werden? Es deutet darauf hin, dass das Bewusstsein im Menschen nicht Teil der Tierwelt oder der Natur ist, sondern Teil des Göttlichen. Darin liegt sein Potenzial. Es ist ein Same, der nicht zerstört, sondern genährt werden muss. Nur im ausgewachsenen Zustand liegt die Chance auf Freiheit, Befreiung und Glückseligkeit.

Was sollen wir also machen? Die Zivilisation bietet uns

drei Alternativen: die des Tieres, die des Wahnsinnigen und die des Heuchlers. Gibt es keine vierte Alternative?

Ja, es gibt sie. Ich nenne sie Religiosität. Sie ist der Pfad der Intelligenz, der Bewusstheit, nicht der Pfad der Bestialität, der Verrücktheit oder Heuchelei. Sie ist nicht der Pfad der Ausschweifung, der Unterdrückung oder des Rollenspielens, sie ist der Weg des wahren Lebens und des Verstehens und trägt die Frucht des guten Benehmens in sich und eliminiert das Tier im Menschen.

Sie unterdrückt nicht die unbewussten Leidenschaften im Menschen, sondern befreit ihn aus ihrem Griff; sie führt nicht zum Vorspielen guten Benehmens, sondern zum wahren Leben. Sie ist nicht bloß das Aufsetzen einer Maske oder irgendeines äußeren Benehmens, sie bedeutet die Transformation unseres inneren Selbst. Sie bringt nicht soziale, sondern persönliche Befriedigung. Sie verändert nicht unsere Beziehungen, sondern transformiert uns selbst, wodurch sich automatisch auch die Beziehungen verändern. Sie trägt die Revolution ins eigene Wesen, in unsere eigentliche Individualität, dorthin wo wir sind. Dann wird ganz automatisch auch alles andere transformiert.

Moral ist sozial, Religiosität etwas rundum persönliches. Moral ist Verhalten, Religiosität das innere Selbst. Moral ist die Peripherie, Religiosität das Zentrum. Moral ist die Persönlichkeit, Religiosität die Seele. Religiosität folgt nicht im Schlepptau der Moral, die Moral folgt immer der Religiosität. Die Moral schafft es nicht, einen Menschen moralisch zu machen, wie könnte sie ihn da religiös machen? Moral fängt mit Unterdrückung an, wogegen Religiosität mit Erkenntnis beginnt.

Wir begegnen im Leben Bösem, Unreinem und Unwahrem – wir müssen ihre Wurzeln finden. Wo und wie entsteht das Böse? Wo befindet sich das Zentrum, aus dem diese Gifte entströmen und unser Verhalten gehässig machen? Selbst wenn wir gut und tugendsam denken: Warum vertreibt das Böse solche Gedanken, verschlingt uns, umgibt unser Leben, durchdringt unser Verhalten? Warum verändert unsere Besessenheit immer die Richtung unseres Glaubens an das Gute?

Das muss man an sich selbst beobachten. Überlegungen von anderen helfen da nicht, denn nur im Prozess dieses Beobachtens, dieser Selbstbeobachtung – und nur dadurch – entsteht die Kraft und Energie, um den eigentlichen Ursprung, der das Böse erzeugt und erhält, aufzulösen und zu zerstören. Dieses ständige Beobachten ist an sich schon eine Meditation, denn es ist nicht einfach nur eine Methode, um das Böse zu erkennen, sie bringt es auch zum Verschwinden.

Indem man das „Ich", das innere Unbewusste beobachtet, indem man wach und aufmerksam dafür wird, gelangt Licht in unsere dunklen Winkel. Und dieses Licht beleuchtet nicht nur die Wurzeln unseres Verhaltens, es fängt auch an, sie zu verändern.

Dieses Sutra braucht eure volle Aufmerksamkeit: Beobachten bringt nicht nur Erkenntnis, es transformiert auch. Tatsächlich bringt Beobachten Erkenntnis, und Erkenntnis bewirkt Transformation. Erkenntnis selbst ist Transformation, die Transformation unseres gesamten Lebens.

Es ist so, als ob man Erde abträgt, um die Wurzeln eines Baumes freizulegen und sie ans Licht zu bringen.

Damit kann ich nicht nur die Wurzeln genau erkennen, sondern sie auch zerstören, indem ich sie aus der Dunkelheit ans Licht bringe und sie von der Erde trenne. Und während ich die Wurzeln des Baumes weiter beobachte, sterben die Äste ab. Beobachten kann die Wurzeln von Begierde und Leidenschaft umbringen. Sie vertragen das Licht nicht. Das Böse verträgt die Erkenntnis nicht.

Als Sokrates sagte: „Erkenntnis ist Tugend", wollte er höchstwahrscheinlich genau dies ausdrücken. Ich sage genau das Gleiche: Erkenntnis ist Tugend, Ignoranz ist das Böse.

Licht ist wirkliche Moral, Dunkelheit ist Unmoral. Beobachten, das ständige Beobachten seiner selbst, der unbewussten Neigungen des eigenen Denkens, erweckt das Bewusstsein und erlaubt ihm, ins Unbewusste vorzudringen. Das Unbewusste betritt das Bewusstsein durch die Türen der Benommenheit, der Unwissenheit, der Trunkenheit und Fahrlässigkeit und übermannt es. Wir haben gesehen, dass die animalischen Instinkte und ihre Orientierung nur durch Unbewusstheit möglich werden. Wut und Gier ergreifen nur Besitz von uns, wenn wir unbewusst sind, und deswegen helfen Rauschmittel, um unsere tierischen Instinkte zu befriedigen.

Das Bewusstsein betritt den unbewussten Zustand, wenn es Benommenheit durch Wachsamkeit, Beobachten und Achtsamkeit ersetzt und verfestigt so dort seine Autorität. Je stärker die Wachsamkeit in uns wächst, je mehr sich rechte Achtsamkeit und das Beobachten unserer Neigungen, Aktivitäten, Leidenschaften und Wünsche in uns entwickeln, desto mehr werden wir von Bewusstheit erfüllt. Und die Triebe und Ausbrüche der

Leidenschaft, diese blinden, unbewussten Impulse verschwinden, denn sie können nur in einem Zustand des Schlafs, der Unbewusstheit und der Besinnungslosigkeit existieren. Im Zustand der Bewusstheit können sie einfach nicht überleben. Denkt daran, dass noch nie jemand etwas Unrechtes getan hat, während er wach und bewusst war. Alle Sünden kommen aus der Nichtwahrnehmung, sind das Nichtwahrnehmen selbst.

Für mich ist nur das Nichtwahrnehmen eine Sünde. Beobachten vertreibt das Nichtwahrnehmen. Deshalb ist es so wichtig zu sehen, was Beobachten ist und wie es herbeigeführt werden kann. Was ist also Selbstbeobachtung? Ruhig sitzen, genau wie ich es gestern erklärt habe, als wir über das Experiment der rechten Achtsamkeit sprachen – und beobachten, was immer in meinem Inneren vor sich geht. Es gibt eine Welt von Gedanken und Begierden in uns. Ich beobachte diese Welt. Ich beobachte sie einfach, wie ein Mann, der am Ufer steht und den Wellen auf dem Meer zuschaut.

Krishnamurti nannte dies „wahllose Aufmerksamkeit". Dabei „wahllos" zu sein ist wichtig. Wahllos zu sein bedeutet, dass ich weder eine Entscheidung treffe noch urteile. Keine der Begierden oder Wünsche bezeichne ich als gut oder schlecht. Ich unterscheide nicht zwischen Gut und Böse, zwischen Tugend und Laster. Ich beobachte nur. Ich werde einfach nur zum Zeugen, stehe abseits und losgelöst, als ob ich kein anderes Interesse hätte, als wach zu sein und zu beobachten. Sobald sich ein Zweck einschleicht, sobald eine Entscheidung oder ein Urteil gefällt wird, hört das Beobachten auf. Dann beobachte ich nicht mehr; dann habe ich zu denken begonnen.

Versucht bitte den Unterschied zwischen Denken und Beobachten zu verstehen. Bei diesem Prozess denken wir nicht. Denken ist die Tätigkeit des Bewussten innerhalb des Bewusstseins, während Beobachten das Eindringen des Bewusstseins ins Unbewusste ist. Sobald das Denken hinzukommt, beginnt man, zwischen Gut und Böse zu unterscheiden, und auf subtile Art und Weise fängt man an zu unterdrücken. Dann verschließt das Unbewusste seine Türen, und das Erkennen seiner Mysterien entzieht sich uns.

Das Unbewusste enthüllt seine Geheimnisse nicht dem Denken, sondern der Beobachtung, denn wenn keine Unterdrückung da ist, steigen die Impulse und Neigungen des Unbewussten natürlich, spontan, in absoluter Nacktheit und Wirklichkeit auf, denn es ist nicht länger notwendig, diese Impulse, Neigungen und Begierden zu verstecken. Das Unbewusste steht in seiner Nacktheit völlig bloß vor uns. Und wie erschreckend ist das doch! Wie fürchtet sich der Mensch, wenn er die nackte Gestalt sieht, die tief in seinem Inneren wohnt! Er möchte am liebsten die Augen vor ihr verschließen. Er möchte am liebsten seinen Beobachtungsposten verlassen, damit aufhören, diese Tiefen zu beobachten, und an die Oberfläche zurückkommen.

In solchen Augenblicken wird unser Mut und unsere Gelassenheit geprüft. Ich würde dies den Augenblick des Quantensprungs nennen. Wer diesem Augenblick mit Mut und Gelassenheit begegnet, wird Meister der Erkenntnis, und ein wunderbares Mysterium entfaltet sich vor ihm. Er hat einen direkten Einblick in die Wurzeln der Begierden bekommen und dringt bis zum Herzen des Unbewussten vor. Dieses Eintreten verschafft ihm eine übernatürliche Freiheit.

Von der Achtsamkeit zur Beobachtung, vom Beobachten zur Erkenntnis, von der Erkenntnis zur Freiheit – das ist der Weg.

Das ist der Weg der Religion, das ist Meditation. Ich möchte, dass ihr diesen Weg versteht und ihn beschreitet. Dann werdet ihr die innere Revolution durch die Alchemie der Verwandlung des Verhaltens kennenlernen. Dann werdet ihr sehen, dass Moral nicht am Anfang steht. Erst kommt die Religiosität, Moral entspringt ihr. Nicht die Moral, sondern die Religiosität muss vervollkommnet werden. Die Moral folgt im Kielwasser der Religiosität, wie die Radspuren eines Ochsenkarrens dem Karren folgen. Wenn euch dies klar wird, werdet ihr euch einer sehr bedeutenden Wahrheit bewusst, und eine große Illusion löst sich auf.

Ich sehe die Transformation des Menschen vom Standpunkt der inneren Revolution aus, von diesem Eindringen des Bewusstseins ins Unbewusste. Aufgrund dieses Wissens kann ein neuer Mensch entstehen und können die Fundamente einer neuen Kultur und einer neuen Menschheit gelegt werden.

Ein solcher Mensch, der durch Selbsterkenntnis aufgewacht ist, ist auf natürliche Weise moralisch. Er braucht Moral nicht zu kultivieren. Sie ist weder das Resultat seiner Handlungen noch seiner Bestrebungen. Sie strahlt von ihm aus, wie das Licht einer Lampe ausstrahlt. Sein gutes Benehmen beruht nicht auf der Ablehnung seines Unbewussten, sondern kommt aus der Fülle seines inneren Wesens. Er tut alles mit seinem ganzen Wesen. In ihm herrscht Einheit, keine Dualität oder Vielfalt. Ein solcher Mensch ist integriert; ein solcher Mensch ist frei von Dualität. Und die göttliche Musik, die man hört, wenn man alle Konflikte und Fesseln hinter sich gelassen hat, ist weder von dieser Welt noch von dieser Zeit...

Eine zeitlose Symphonie, ein glückseliger Klang schwingt in uns in diesem Augenblick des Friedens, in dieser Nicht-Dualität, in dieser Unschuld und wir werden eins damit.

Diese Erfüllung heißt für mich Göttlichkeit.

6. Kapitel

Sehen ohne zu denken

Denkst du, moralisch zu sein sei etwas Schlechtes?

NEIN. ICH BETRACHTE ES NICHT ALS ETWAS SCHLECHTES, aber ich betrachte die Illusion, moralisch zu sein, als schlecht. Sie stellt sich der wahren Moral in den Weg.

Falsche Moral ist nur ein äußerer Anstrich, eine Fassade. Sie dient zu nichts anderem, als die Heuchelei zu befriedigen, und meiner Ansicht nach gibt es nichts Unmoralischeres als Heuchelei und Egoismus. Die falsche Moral trägt Demut und Egolosigkeit zur Schau, darunter aber wird das Ego genährt und blüht auf.

Seht ihr diese Wahrheit etwa nicht in den sogenannten Sadhus und Heiligen dieses Landes? Diese Scheinmoral, die man übernommen, kultiviert und sich mühevoll angeeignet hat, ist meiner Meinung nach reine Schauspielerei. Oft spielt sich im Inneren eines Menschen genau das Gegenteil ab.

Was an der Oberfläche erscheint, fehlt im Inneren. Oben sind Blumen und darunter Dornen. Und dieser ständige Kampf zwischen dem äußeren Verhalten und dem inneren Wesen, diese unüberbrückbare Kluft zwischen Bewusstsein und Unbewusstem spaltet und macht schizophren. In einem solchen Menschen herrscht keine Harmonie. Und wo weder Harmonie noch Musik ist, gibt es keine Glückseligkeit. Meiner Meinung nach ist ein wirklich moralisches Leben ein Ausdruck von Glückseligkeit.

Moral ist ein Ausdruck von Glückseligkeit, ihr spontaner Ausdruck. Wenn Glückseligkeit aus dem inneren fließt, drückt sie sich in rechtem Lebenswandel und Moral aus. Der Duft der Glückseligkeit, den ein solcher Mensch verströmt, ist das wirklich Gute seines Lebens. Deswegen rate ich euch, Harmonie und nicht Konflikte zu kreieren. Versucht die Wahrheit darin zu erkennen. Hört mir nicht einfach nur zu, sondern versucht, sie auch zu leben. Dann werdet ihr sehen, wie ihr mit eigenen Händen euer Leben in die Anarchie von Konflikt und innerer Zwiespältigkeit geworfen habt – statt es zu einem steten Tanz der Harmonie und Schönheit zu verwandeln.

Die Moral kommt von selbst, genau wie am Baum Blüten erscheinen. Sie ist keine besondere Errungenschaft. Die Samen der Meditation werden gesät, und Moral wird geerntet. Moral ist nichts, was man durch Anstrengung erlangen könnte. Sie ist etwas, was man durch Meditation erreicht.

Frieden, Harmonie und Schönheit entstehen aus der Meditation. Und wer in seinem Inneren friedlich ist, ist unfähig, andere ruhelos zu machen. Wer Musik in seinem Inneren hat, wird sehen, wie das Echo seiner Musik in allen, die um ihn herum sind, widerhallt, und wer Schönheit in sich trägt, wird feststellen, dass sein Verhalten alles Hässliche zum Verschwinden bringt. Ist nicht all das an sich schon Moral?

Moral oder moralisches Verhalten ist nur nützlich, was die Gesellschaft betrifft; dem Individuum bringt sie keinen Nutzen, sondern Freude. Daher werden die Bedürfnisse der Gesellschaft sogar durch eine Scheinmoral befriedigt, für das Individuum jedoch ist das bei Weitem nicht genug. Euch den anderen gegenüber gut zu benehmen, reicht für die Gesellschaft, für euch aber reicht das nicht. Ihr müsst viel weiter schauen: Ob ihr in eurem Inneren gut seid oder nicht. Die Gesellschaft kümmert sich nur um eure Persönlichkeit, nicht um euer inneres Wesen. Für euch ist die Persönlichkeit aber nichts weiter als ein Gewand. Ihr beginnt dort, wo diese Hülle aufhört. Getrennt davon liegt hinter der Maske der Persönlichkeit euer wahres Wesen. Und dort wird die eigentliche Moral geboren.

Eine Gesellschaft, die sich auf eine falsche Moral stützt, bezeichnet man als Zivilisation, während man eine Gesellschaft, die aus Menschen besteht, welche zur Realität des Lebens vorgedrungen sind, als Kultur bezeichnet. Darin liegt der Unterschied zwischen Zivilisation und Kultur. Zivilisation ist nützlich, Kultur hingegen ist innere Harmonie und Freude.

Heutzutage herrscht die Zivilisation, nicht die Kultur. Wir können diese Kultur jedoch erschaffen, wenn wir uns alle darum bemühen. Zivilisation entsteht, wenn wir den Umgang mit unseren Mitmenschen bereinigen; Kultur aber entsteht, wenn wir uns selbst reinigen. Zivilisation ist der Körper, Kultur die Seele. Nur Menschen, die tief in ihrer Seele verwurzelt sind, können eine Kultur hervorbringen.

Ist Religion nichts Gesellschaftliches? Ist sie etwas rein Persönliches?

Ja, Religion ist eine absolut persönliche Angelegenheit. Die Gesellschaft besitzt keine Seele, kein eigentliches Bewusstseinszentrum. Die Gesellschaft ist nur das Resultat unserer wechselseitigen Beziehungen. Nur das Individuum hat eine Seele, und darum muss Religion auch individuell sein. Religiosität ist nicht eine Beziehung, sie ist mein Wesen. Die Entdeckung seiner wahren Natur, seines wahren Wesens und dessen entsprechender Ausdruck ist Religiosität.

Religion, *Dharma*, ist Selbsterkenntnis. Da Religion nicht etwas Gesellschaftliches ist, bezieht sich unsere *Sadhana*, unsere religiöse Praxis, nicht auf eine Gruppe; vielmehr wirft unsere religiöse Erfahrung ihr Licht auf die Gruppe, auf die Gesellschaft. Obwohl die Praxis der Religion rein persönlich ist, hat sie ihre Auswirkung auf die Gesellschaft. Wenn ein Mensch von einem inneren Licht erfüllt ist, wird auch sein äußeres Verhalten davon durchdrungen. Das innere Wesen ist individuell, persönlich, das Verhalten jedoch gesellschaftlich. Spirituelles Wachstum kann niemals etwas Kollektives sein, denn man kann sein eigenes Selbst nicht in der Gesellschaft anderer finden, sondern nur allein, ganz allein.

Plotinus meint ganz richtig: „Es ist der Flug des Einzelnen ins Alleinsein." Das stimmt völlig. Der Flug ist tatsächlich einsam, ohne Begleitung. Aber die Freude, die der Flug verleiht, steckt die anderen an, und sie werden dadurch berührt. Was man im Alleinsein erlangt, im Alleinsein mit sich selbst, verbreitet seinen Duft in alle vier Winde.

Was ist Gott?

Gott ist keine Person, er ist eine Erfahrung. Die Vision, die Erfahrung, die mit dem Universum, der Existenz, gemacht wird, wenn sich das Ego aufgelöst hat– die bezeichne ich als Gott. Es gibt keine bestimmte Form der Gotteserfahrung. Die Erfahrung vollkommener und universeller Liebe ist Gott. Sie hat kein Zentrum, es ist die gesamte Existenz, die gesamte Existenz ist ihr Zentrum. Es ist falsch, von einer Gotteserfahrung zu sprechen, aber man könnte sagen, die Erfahrung vollkommener Liebe ist Gott.

Liebe ist die Beziehung zwischen zwei Menschen. Wenn diese Beziehung zwischen einem Individuum und der ganzen Existenz besteht, nenne ich das Gott. Die höchste Stufe der Liebe, ihr Erblühen, ist Gott. Das erinnert mich an einen Ausspruch Christi: „Gott ist Liebe."

Liebe ist das, was übrigbleibt, sobald das „Ich" verschwunden ist. Liebe ist das, was übrigbleibt, wenn die Mauern, die das Ego umgeben, einstürzen. Und die Liebe selbst ist Gott. Es ist darum unmöglich, Gott zu erkennen; hingegen ist es möglich, Gott zu werden.

Du hast gesagt, das Leben, das wir leben, sei eigentlich gar kein Leben, sondern nur ein langanhaltender Prozess des Sterbens. Was willst du damit sagen?

Es ist wirklich so, dass das, was wir Leben nennen, gar kein Leben ist. Wie könnte es sonst, wenn es wirklich Leben wäre, im Tod enden? Leben und Tod widersprechen sich gegenseitig, wie könnte da der Tod die Erfüllung des Lebens sein? Der Tod ist das Ende der Geburt, nicht des Lebens.

Und denkt nicht, der Tod fange erst am Ende an, nur weil er am Ende kommt. Er ist bereits in der Geburt vorhanden. Er fängt gleich am Tag unserer Geburt an. Nach der Geburt sterben wir jeden Augenblick. Wenn dieser Prozess des Sterbens vollendet ist, nennen wir ihn Tod. Was bei der Geburt als Samen da war, erscheint am Ende in seiner ausgereiften Form. Darum ist nach dem Tod auch nichts sicher, der Tod selber jedoch ist sicher. Er ist sicher, weil er bereits mit der Geburt kommt. Geburt ist bloß ein anderer Name für den Tod; sie ist der Samen des Todes. Versteht dies genau. Am Tag unserer Geburt fangen wir an zu sterben. Darum sage ich, dass das Leben, so wie wir es kennen, kein Leben ist, sondern ein langer, langsamer, gradueller Sterbensprozess. Und weil wir nur mit diesem graduellen Sterben vertraut sind, nicht aber mit dem Leben, sind wir ständig damit beschäftigt, ihm zu entrinnen. All unsere Pläne und Aktivitäten zielen auf eine gewisse Sicherheit und Selbstverteidigung ab.

Was machen wir denn? Sind wir nicht damit beschäftigt, uns ständig gegen den Tod zu verteidigen? Aus dem gleichen Grund, aus dieser Verteidigungshaltung, wird der Mensch religiös. Darum fühlt man sich zur Religion hingezogen, sobald man spürt, dass der Tod naht. Die Religiosität alter Leute fällt zum größten Teil in diese Kategorie. Ich betrachte dies nicht als wahre Religiosität. Sie ist nur ein Ausdruck der Furcht vor dem Tod. Sie ist die letzte Sicherheitsmaßnahme. Wahre Religiosität entsteht nicht aus Angst, sondern aus der Erfahrung des Lebens.

Wir sollten uns bewusst sein, dass alles, was wir bis jetzt kennen, nichts als Tod ist – und dieses Wissen um den Tod führt zur Unsterblichkeit. Der Körper stirbt; er stirbt jeden Augenblick. Indem wir den Körper beobachten, indem wir uns dieser sterblichen Hülle bewusst werden, fangen wir an, das zu erfahren, was nicht unser Körper ist. Das zu kennen, was nicht der Körper ist – die Seele zu kennen – bedeutet, das Leben in seiner Realität zu kennen, denn die Seele wurde nie geboren und stirbt deshalb auch nie. Die Wahrheit existierte vor unserer Geburt, und sie wird auch noch nach unserem Tod existieren. Das ist Leben. Das Leben ist nicht die Zeitspanne zwischen Geburt und Tod – im Gegenteil, Geburt und Tod gehören nur zu den vielen Episoden, die sich in seinem Verlauf abspielen.

In Meditation, wenn der Verstand still und leer ist, kann man etwas erkennen, was nicht zum Körper gehört und von ihm losgelöst ist. Solange der Verstand ruhelos ist, kann man es nicht sehen, genau wie man nicht in die Tiefen eines Sees blicken kann, solange seine Oberfläche gekräuselt ist. Und weil der ständige Fluss von Gedankenwellen den Verstand kräuselt, bleibt verborgen, was sich unter ihnen verbirgt – und wir verwechseln die

Oberfläche mit der ganzen Wahrheit. Der Körper, der doch nur unser Haus ist, scheint unser Ein und Alles zu sein. Das erzeugt die Illusion, der Körper sei unser Wesen, unser Leben. Ihr meint, euer ganzes Wesen beschränke sich ausschließlich auf den Körper. Diese Identifizierung mit dem Körper, diese Illusion des Einsseins mit dem Körper erlaubt uns nicht, unser wahres Selbst zu erkennen, und wir halten den graduellen Prozess des Sterbens, der sich über eine gewisse Zeitspanne erstreckt, für das Leben. Den gleichen Fehler würden wir begehen, wenn wir das Errichten und Abreißen unseres Hauses als unsere eigene Geburt und unseren Tod betrachten.

Diese Finsternis verschwindet aber mit dem Einzug geistigen Friedens. Die durch diese geistige Unruhe hervorgerufene Illusion wird von Ruhe vertrieben. Was durch die Wellen verborgen blieb, wird von der Wellenlosigkeit enthüllt. Und so erkennen wir zum ersten Mal den Bewohner dieses Körpers. Sobald wir ihn kennen, ist der Tod nichts weiter als das Ausziehen alter Kleider und die Geburt das Überziehen neuer Kleider. Und dann ist da ein Wesen, das keine Kleider benötigt. Ich betrachte einen Menschen nur als lebendig, wenn er diese Art von Leben kennt. All jene, die den Körper als ihr Wesen betrachten, sind immer noch tot. Ihr wahres Leben hat noch nicht angefangen. Sie sind in einem Traum, im Schlaf, in Ohnmacht befangen.

Ohne von diesem Traum, von dieser Illusion aufzuwachen, wonach der Körper unser Wesen ist, wird der Mensch nie sein eigenes Wesen, seine Essenz, seinen Wesenskern, sein Leben erkennen können. Die Welt ist voller Toter, voller lebender Toter, und die Mehrheit der

Menschen stirbt, ohne je gelebt zu haben. Sie sind ausgebrannt vom ständigen Versuch, sich gegen den Tod zu wehren, und sie erkennen nie, wer in ihrem Inneren ist – unsterblich, jenseits des Todes.

Aus deinen Worten schließe ich, dass ich tot bin.
Was soll ich machen, um zum Leben zu erwachen?

Mein Freund, wenn du nur so denkst, weil ich es sage, hat dies keinen Wert. Vergiss, was ich und andere gesagt haben, und schau noch mal hin. Du musst es selber sehen. Dieses Sehen selbst wird zu einem Pfad, der dich zum Leben erweckt. Dann brauchst du nicht mehr zu fragen: „Was soll ich machen, um zum Leben zu erwachen?" Wer realisiert hat, dass er tot ist, dass seine Existenz und seine Persönlichkeit schon immer tot gewesen sind, wird gleichzeitig auch das zu sehen anfangen, was nicht tot ist. Um es aber sehen zu können, muss sich die geistige Ruhelosigkeit legen.

Das Sehen, *Darshan*, ist nur möglich, wenn der Verstand still, leer, frei von Leidenschaft ist. Vorerst sind nur Gedanken da. Es ist kein Sehen, kein *Darshan*. Zu denken, was ich euch gesagt habe, sei richtig, ist selbst auch wieder nur ein Gedanke. Dieser Gedanke hilft nicht im Geringsten.

Das Denken kann die Wahrheit nicht enthüllen, denn alle Gedanken sind geborgt. Alle Gedanken gehören anderen. Sie verstecken die Wahrheit nur noch mehr. Habt ihr je bemerkt, dass all eure Gedanken von anderen geborgt sind, dass sie eigentlich anderen gehören? Ihr habt Falschgeld angehäuft. Stützt euch nicht darauf, denn es ist in Wirklichkeit kein Kapital. Mit solchem Kapital gebaute Schlösser gleichen denen, die man in Träumen baut. Sie sind unwirklicher als Kartenhäuser.

Ich möchte euch nicht zum Denken anregen. Ich möchte euch nicht mit geborgten Dingen füllen. Ich möchte nicht, dass ihr denkt – ich möchte, dass ihr aufwacht. Ich möchte, dass ihr zu denken aufhört und schaut. Und dann seht, was passiert. Rückt vom Denken zum Sehen vor. Nur das wird euch zur Wahrheit und zum echten Kapital, zum wirklichen Reichtum führen, der euch gehört. Wie dieser Prozess des Sehens ohne zu denken den Vorhang vor dem Mysterium hebt, kann man nicht wirklich wissen, ohne es selbst zu tun.

Denkt daran, es gibt keine wertvolle Erfahrung in der Welt, die euch andere vermitteln könnten. Alles, was sich weitergeben lässt, kann niemals wertvoll sein. Man kann eine Erfahrung auch nie vermitteln. Materielle Dinge kann man geben, nehmen, austauschen, Lebenserfahrung jedoch kann man nicht austauschen. Der Natur der Erfahrungen gemäß können euch weder Mahavira noch Buddha noch Krishna noch Christus etwas geben. Und denen, die sich am Denken festklammern und deren Gedanken als die Wahrheit akzeptieren, wird sich die Wahrheit entziehen. Nur die Wahrheit, die der Mensch selbst erkennt, nicht die von anderen geborgte, kann ihn befreien.

Die *Gita*, den Koran oder die Bibel auswendig zu lernen, hat keinen Zweck. Das wird euch kein Wissen bringen. Im Gegenteil, es wird eure eigene Fähigkeit zur

Selbsterkenntnis ersticken, und ihr werdet nie die Wahrheit von Angesicht zu Angesicht erblicken. Die Worte, die ihr aus den *Shastras*, den heiligen Schriften, auswendig gelernt habt, werden sich immer zwischen euch und die Wahrheit stellen. Sie werden Nebel und Staub erzeugen, und ihr werdet nicht sehen können, was wahr ist. Wir müssen alles wegräumen, was zwischen uns und der Wahrheit steht.

Um die Wahrheit erkennen zu können, brauchen wir keine Gedanken hinzuzuziehen. Entledigt euch von allem, und ihr werdet euch öffnen. Dann kommt es zu einer Öffnung, durch die die Wahrheit in euch eindringen und euch transformieren wird. Hört auf zu denken und schaut. Öffnet die Tür und schaut. Das ist alles, was ich zu sagen habe.

Hältst du also das Studieren der Schriften, der Shastras, für unnötig?

Was soll das Studieren der *Shastras*, der heiligen Schriften? Damit könnt ihr keine Erkenntnis erlangen. Es ist eine reine Gedächtnisübung. Ihr könnt zwar ein paar Dinge lernen, aber lernen und wissen sind zwei ganz unterschiedliche Dinge. Ihr lernt etwas über Gott, über die Wahrheit, über die Seele. So werdet ihr vorgefertigte Antworten auf diesbezügliche Fragen geben können. Dabei besteht aber kein Unterschied zu dem, was der Papagei jeden Morgen bei euch zu Hause wiederholt – nämlich was man ihn zu sagen gelehrt hat.

Wahrheit lässt sich nicht in den heiligen Schriften finden. Sie liegt im Selbst, in euch selbst. Die Shastras bestehen nur aus Worten, und sie bekommen nur Bedeutung, wenn man die Wahrheit in sich selbst erkannt hat. Sonst sind sie nicht nur nutzlos, sie sind sogar schädlich.

Man kann die Wahrheit nicht erkennen, indem man die Schriften lernt, hingegen kennt man sicher auch die Schriften, wenn man die Wahrheit kennt.

Was aber sehe ich? Die Leute studieren die Schriften anstatt die Wahrheit, und sie sind zufrieden mit dem Wissen, das sie durch ihre Studien erlangt haben. Welch hohle und falsche Befriedigung! Heißt das etwa, dass wir die Wahrheit im Grunde genommen gar nicht kennen wollen, dass wir nur die anderen glauben machen wollen, die Wahrheit zu kennen? Wer die Wahrheit wirklich kennen will, gibt sich niemals mit bloßen Worten zufrieden. Habt ihr je gehört, dass jemandes Durst durch das Wort „Wasser" gelöscht worden wäre? Und wenn er mit einem einfachen Wort gelöscht werden könnte – heißt das nicht, dass es von Anfang an gar kein wirklicher Durst war?

Es reicht vollauf, wenn die Schriften uns nur eines lehren könnten: dass die Wahrheit nicht durch sie erlangt werden kann. Das ist ihr einziger Nutzen. Wenn das Wort uns nur sagen könnte, dass das Wort nutzlos ist, würde es bereits seinen Zweck erfüllen. Es wäre genug, wenn die Schriften uns keine Befriedigung bringen, sondern eine Unzufriedenheit in uns wecken würden, wenn sie uns, anstatt Wissen zu vermitteln, auf unsere Unwissenheit hinweisen würden.

Auch ich rede nur in Worten, genauso sind auch die

Shastras entstanden. Solange ihr euch nur an die Worte klammert, bleibt mein ganzes Bemühen sinnlos. Egal, wie viel ihr euch davon merken könnt, sie sind alle nutzlos. Auch sie werden euren Verstand gefangen halten, und dann werdet ihr euer ganzes Leben lang in eurem selbstgemachten, aus Worten errichteten Gefängnis umherwandeln. Wir sind alle in selbstgemachten Gefängnissen eingeschlossen.

Wenn ihr die Wahrheit kennen wollt, brecht aus diesem Gefängnis aus Worten aus, reißt die Mauern ein und verbrennt den Thron der Information zu Asche. Aus dieser Asche wird das Wissen geboren, und in einem freien Bewusstsein werdet ihr die Wahrheit sehen. Die Wahrheit wird früher oder später kommen, nur müsst ihr erst Platz in euch schaffen. Werft ihr die Worte hinaus, nimmt die Wahrheit den freigewordenen Platz ein.

Wird der Mensch sich nie selbst bezwingen können,
indem er sich unterdrückt und gegen sich selbst ankämpft?

Was meinst du mit den Worten „unterdrücken" und „gegen sich selbst ankämpfen"? Bedeuten sie nicht, dass sich das Individuum spaltet? Es wird gegen sich selbst kämpfen. Das heißt, dass es gleichzeitig angreift und verteidigt. So ist es beides, Freund und Feind. Seine Energie wird von beiden Seiten aufgebracht. Das kann nie zu einem Sieg führen, es wird uns nur schwächen und unsere Kräfte aufzehren. Stellt euch vor, was passiert, wenn ich meine beiden Hände gegeneinander kämpfen lasse.

Das Gleiche passiert, wenn ich gegen mich selbst an-kämpfe. Ein solcher Kampf ist die reinste Dummheit.

Mein Freund, du brauchst nicht gegen dich zu kämp-fen, du musst dich kennenlernen. Die Widersprüche und die inneren Konflikte, die in uns aus Unwissenheit ent-standen sind, verschwinden im Licht der Selbsterkennt-nis, genau wie der Tautropfen auf dem Grashalm ver-dunstet, wenn die Sonne am Morgen aufgeht. Sieg über sich selbst kommt durch Erkenntnis, nicht durch Kon-flikt, denn es gibt niemanden zu besiegen. Es gibt keinen anderen, nur Unwissenheit. Und was soll man besiegen, solange Unwissenheit herrscht? Sie verschwindet, sobald Wissen da ist. Unwissenheit ist bloß ein negativer Ansatz, ist Abwesenheit von Wissen. Wer gegen die Unwissen-heit ankämpft, kämpft gegen Schatten. Er beschreitet von vornherein den Pfad der Niederlage.

Dieses Konzept des Krieges gegen sich selbst, diese Selbsteroberung, stammt aus der Betrachtung vom Kon-flikt zwischen Feinden in der Außenwelt. Genau wie wir in der äußeren Welt Gewalt gegen unsere Feinde anwen-den, wollen wir auch in unserer inneren Welt Gewalt an-wenden. Welch ein Wahnsinn! Auch in der äußeren Welt hat Gewalt noch nie jemanden erobert. Erobern und besiegen sind zwei völlig verschiedene Dinge.

Aber in der inneren Welt können wir nicht einmal Ge-walt anwenden, um unseren sogenannten Feind zu be-zwingen, denn da ist niemand, den man bezwingen könnte. Selbsterkenntnis entsteht nicht aus Konflikt, son-dern aus Wissen. Darum sage ich: Kämpft nicht, *erkennt*. Vergesst den Krieg und wählt die Erkenntnis. Und lass dir dies ein Leitsatz sein:

Entdecke und erkenne dich selbst. Lass nichts in dir unbekannt. Lass keinen einzigen Winkel unerforscht und im Dunkeln. Wenn du mit all deinen inneren Räumen vertraut geworden bist, wird diese Erkenntnis zur Selbsteroberung.

Wir wissen alle, dass sich in dunklen Häusern, in Ecken und in Kellern, wohin kein Sonnenlicht oder frische Luft dringt, Schlangen, Skorpione und Fledermäuse einnisten; und wenn die Besitzer ihr Haus nicht bewohnen, es nie betreten, ist es dann erstaunlich oder unnatürlich, wenn sich ihr Haus in einem derart miserablen Zustand befindet?

Das ist mit uns passiert. Auch wir sind Eigentümer solcher Häuser, und haben sogar vergessen, wo die Eingangstüren sind. Durch unsere ständige Abwesenheit und den Mangel an Licht sind sie zur Unterkunft unserer Feinde geworden.

Du sagst, die Unterdrückung unserer Leidenschaften sei schädlich. Meinst du damit, es sei besser, sich ihnen voll hinzugeben?

Ich lehre weder Unterdrückung noch Zügellosigkeit. Ich lehre das Erkennen von Unterdrückung und Zügellosigkeit. Unterdrückung und Zügellosigkeit entstehen aus Unwissenheit, beide sind schädlich.

Unterdrückung ist lediglich eine Reaktion auf die Zügellosigkeit. Sie ist nur deren Umkehrung. Sie ist nur die auf den Kopf gestellte Zügellosigkeit.

Diese unterscheidet sich nicht sehr von Unterdrückung. Sie ist dasselbe, nur auf den Kopf gestellt.

Jemand erzählte mir von einem Sannyasin, der immer sein Gesicht vom Geld abwandte. Ist dieses Wegschauen aber etwas so anderes, als wenn einem beim Anblick von Geld das Wasser im Munde zusammenläuft? Das Gleiche passiert, wenn man versucht, vor der Gier davonzulaufen. Die Gier wird damit nicht aufhören zu existieren, sie wird nur eine neue Form annehmen. Und das Hauptproblem besteht darin, dass sie in dieser neuen Form so stark wie eh und je ist – und noch geschützter, denn jetzt ist sie für dich unsichtbar. Darum bleibt sie auch intakt. Darüber ist jetzt noch die Illusion der Begierdelosigkeit dazugekommen. Das ist, als würde man zwei Feinde einladen, während man versucht, einen zu vertreiben.

Ich möchte, dass ihr alle hier Begierde und Hass kennenlernt. Ihr sollt nicht gegen sie ankämpfen, noch sollt ihr ihnen blind folgen. Ihr sollt wachsam bleiben. Ihr sollt sie beobachten und mit all ihren Formen, Stärken und Auswirkungen vertraut werden. Habt ihr je bemerkt, wie die Wut verschwindet, wenn ihr sie beobachtet? Ihr gebt ihr jedoch sofort nach oder ihr unterdrückt sie. Wie immer dem auch sei, ihr beobachtet sie nicht. Sie bleibt ungesehen und unerkannt. Genau da machen wir den Fehler, und Ausschweifung und Zügellosigkeit tragen beide zu diesem Irrtum bei.

Neben diesen beiden gibt es aber noch eine dritte Möglichkeit, und diese möchte ich euch empfehlen. Sie besteht darin, eure Neigungen zu beobachten – ohne etwas mit ihnen zu machen, sie einfach nur zu beobachten. Wenn das Auge einmal anfängt, sie klar und deutlich zu sehen, werdet ihr feststellen, wie sie wegfallen und verschwinden. Sie vertragen es nicht, euch in die Augen zu schauen. Ihre Existenz ist nur in einem Zustand der Illusion möglich; in wachsamer Bewusstheit aber werden sie leblos und sterben ab. Unser Wahn, unser Nicht-Beobachten hält sie am Leben. Sie sind wie Insekten, die nur im Dunkeln leben. Sobald Licht da ist, sterben sie.

7. Kapitel

Selbstverwirklichung statt Selbsttäuschung

ES IST UNWICHTIG, WIE MICH ANDERE LEUTE SEHEN. Wichtig ist, wie ich mich selbst sehe. Wir haben jedoch die Gewohnheit, uns durch die Augen anderer Leute zu sehen, und wir vergessen ganz, dass es einen direkten und unmittelbaren Weg gibt, uns selbst zu sehen. Das ist der richtige Weg zu sehen. Er ist direkt.

Wir schaffen jedoch ein falsches Bild von uns selbst und tragen Masken, um die anderen zu täuschen; und dann stützen wir unsere Meinung über uns selbst darauf, wie andere uns sehen!

Dieser Prozess der Selbsttäuschung begleitet uns durch das ganze Leben und wird zu einem der Haupthindernisse auf dem Weg der Selbstverwirklichung. Wir müssen diese Barriere durchbrechen. Wir müssen ganz von Anfang an alle Selbsttäuschungen durchbrechen und wissen, was wir sind, und uns in unserer absoluten Nacktheit erkennen, denn nur nachdem dies passiert ist, kann ein wirklicher Schritt in Richtung Selbstverwirklichung erfolgen.

Niemand kann den Bereich der Wahrheit betreten, solange er eine falsche Auffassung von sich selbst hat und solange er weiter in der Wahnvorstellung lebt, seine gespielte Rolle sei das wahre Selbst. Bevor wir Gott, den Allmächtigen, die Wahrheit oder unser wahres Wesen erkennen können, müssen wir die eingebildete Persönlichkeit, mit der wir uns bedeckt haben, zu Asche verbrennen. Diese Maske der Täuschung erlaubt uns nicht, ein wahres Leben zu leben; sie erlaubt uns nicht, uns über das künstliche Leben zu erheben, das wir einander vorspielen.

Wer den Pfad des Lebens beschreiten möchte, muss aus seinen falschen Träumen aufwachen, in denen er lebt. Habt ihr nie das Gefühl, ihr spielt in einem Drama mit? Habt ihr nie das Gefühl, ihr seid das eine im Innern, jedoch außen etwas ganz anderes? Rüttelt euch das Bewusstsein dieser Täuschung nicht auf, wenn ihr in geistig gesunden Augenblicken ihr selbst seid? Wenn solche Fragen in euch auftauchen und euch aufrütteln, kann euch bereits diese Tatsache aus dem Drama herausheben, kann euch von der Bühne hinter die Kulisse bringen, wo ihr keine Rolle mehr verkörpert, sondern nur noch ihr selbst seid.

Man muss sich die folgende Frage stellen: „Bin ich wirklich der, für den ich mich immer gehalten habe?" Diese Frage muss in den tiefsten Tiefen eures Wesens widerhallen. Sie muss in euren Tiefen mit einer solchen Intensität und mit einer solchen Bewusstheit aufsteigen, dass kein Platz mehr übrig bleibt, auch nur daran zu denken, es könne sich dabei um eine Illusion handeln.

Diese Frage, diese Suche, dieses Nach-innen-Schauen bringt solch ein frisches Erwachen des Bewusstseins in uns hervor, dass wir das Gefühl haben, wir seien aus dem Schlaf gerüttelt worden. Dann sehen wir, dass die

Schlösser, die wir uns bauten, in einem Traum gebaut wurden, dass das Boot, in dem wir gesegelt sind, aus Papier gemacht war. Euer ganzes Leben erscheint nun unwirklich, als wäre es nicht eures, sondern das von jemand anderem. Eigentlich ist es auch nicht eures, es ist Teil eines Dramas, in dem ihr gespielt habt – ein Drama, in dem euch Erziehung, Ausbildung, Kultur, Tradition und Gesellschaft eine Rolle zugeschoben haben.

Die Wurzeln dieses Dramas sind aber nicht in euch selbst. Wenn Schnittblumen in der Vase bewusst würden, dann würden sie auch erkennen, dass sie keine Wurzeln haben. Dasselbe kann euch passieren, wenn ihr bewusst werdet.

Wir sind eigentlich kaum Menschen. Wir sind bloße Vogelscheuchen, wurzellos, ohne jegliches Fundament, wie Märchenfiguren, in einem Traum, ohne wirkliche Existenz. Ich sehe, wie verloren ihr euch in diesem Traum bewegt. All eure Tätigkeiten geschehen im Schlaf. All euer Tun geschieht im Schlaf. Ihr könnt aber jederzeit aus diesem Schlaf aufwachen. Darin liegt der Unterschied zwischen dem Schlaf und dem Tod. Vom ersten könnt ihr aufwachen, vom zweiten jedoch nicht. Egal, wie tief euer Schlaf ist, es besteht immer die Möglichkeit, dass ihr aufwacht. Der Schlaf birgt diese Möglichkeit in sich.

Falls ihr euch selbst in die Augen schaut, werden viele Illusionen zerstört, genauso wie jemand, der sich für sehr gutaussehend hält, enttäuscht wird, wenn er sich zum ersten Mal vor einen Spiegel stellt. Genauso wie es einen Spiegel gibt, um den Körper zu betrachten, gibt es auch einen Spiegel, um das Selbst zu betrachten. Ich spreche von diesem Spiegel. Selbstbeobachtung ist dieser Spiegel.

Wollt ihr wirklich die Wahrheit über euch selbst sehen? Wollt ihr dem Menschen begegnen, der ihr wirklich seid? Und wenn ihr wisst, dass die Möglichkeit besteht, euch selbst in eurer ganzen Nacktheit zu sehen, habt ihr dann nicht Angst davor?

Diese Angst ist ganz natürlich. Wegen dieser Angst zaubern wir ständig neue Träume über uns selbst hervor und versuchen zu vergessen, wer wir wirklich sind. Diese Träume können aber nicht eure Gefährten sein; mit ihrer Hilfe gelangt ihr nirgendwohin. Sie sind nur Zeitvergeudung, und ihr verpasst die unbezahlbare Chance, die euch nach Hause führen kann.

Ihr werdet euch wundern, warum ich so sehr darauf bestehe, dass ihr diese Nacktheit, diese Hässlichkeit und Leere in euch seht. Wäre es nicht besser, ungesehen zu lassen, was keine Augenweide ist? Und ist es nicht eine gute Idee, was hässlich ist, mit Juwelen zu dekorieren und was nicht wert ist, gesehen zu werden, mit Gardinen zu verhängen? Gewöhnlich tun wir genau das. Das ist unsere übliche Art.

Diese Gewohnheit ist aber sehr schädlich, denn die Wunden, die wir verstecken, heilen nicht. Im Gegenteil, sie entzünden sich umso mehr und werden gefährlich. Und so wird die Hässlichkeit, die wir zugedeckt haben, nicht beseitigt, sondern fließt in die inneren Ströme unserer Persönlichkeit ein. Wir sprenkeln ständig billiges Parfüm auf die Oberfläche, während im Inneren faule Gerüche modern. Und dann kommt die Zeit, wo das Parfüm nicht mehr den Gestank überdeckt, der an die Oberfläche drängt, da hilft dann auch kein Schmuck mehr.

Ich bin nicht für das Versprühen von Parfüm; ich bin dafür, die faulen Gerüche loszuwerden. Ich bin nicht dafür, Hässlichkeit mit Schmuck und Blumen zu verdecken; ich bin dafür, die Hässlichkeit zu beseitigen und die innere Schönheit und Musik zu erwecken. Fehlen sie, ist alles andere sinnlos. Es ist, als versuchte man Öl aus Sand zu pressen.

Und so fordere ich euch auf, zu enthüllen, was in euch verborgen liegt. Enthüllt euch und erkennt euch selbst. Lauft nicht vor euch selbst davon. Und vor euch selbst davonlaufen ist auch gar nicht möglich. Wo wollt ihr denn hin? Was erreicht ihr damit, davonzulaufen? Egal, wohin ihr geht, ihr werdet euch selbst mitnehmen. Ihr könnt euch transformieren, aber ihr könnt nicht davor weglaufen.

Das erste Bindeglied in dieser Transformationskette ist Selbstbeobachtung. Und das Wunder aller Wunder besteht darin, dass man, sobald man die Hässlichkeit erkennt, von ihr befreit ist! Die Angst vor dem Selbst zu erkennen bedeutet, frei von dieser Angst zu sein. Hass zu erkennen bedeutet, frei von Hass zu sein. Sie sind da, weil wir nicht hinschauen. Sie verfolgen uns, weil wir versuchen, vor ihnen davonzulaufen.

Sobald wir anhalten, halten auch sie an – genau wie unser Schatten mit uns läuft, wenn wir laufen, und anhält, sobald wir anhalten. Und wenn wir diese Dinge anschauen können, verändert sich sofort die ganze Situation. Was wir für Gespenster und Geister hielten, waren bloß unsere Schatten! Weil wir liefen, rannten uns diese Geister nach – und so sind wir noch schneller gelaufen! Sobald wir zu laufen aufhören, werden sie leblos; sobald wir sie anschauen, hören sie auf zu existieren. Es sind nur Schatten und Schatten können nichts machen! Der Schatten der Hässlichkeit war da, um ihn zu verdecken, haben wir ihn mit Blumen umhüllt und dekoriert. Und so haben wir eine Illusion geschaffen. Wenn wir jetzt sehen, dass es sich nur um einen Schatten gehandelt hat und um nichts anderes, ist es auch nicht mehr nötig, ihn zu umhüllen; wir sind frei vom Schatten, und wir erkennen, dass es immer nur ein Schatten war. Und allein schon diese Erkenntnis gibt uns eine Vision des Schönen, des Allerschönsten.

Ich habe diese Vision gehabt. Ich habe aufgehört, vor den Schatten davonzulaufen, und das gab mir die Stärke, dahinter zu sehen. Und was ich dort sah, diese Wahrheit, hat alles transformiert. Wahrheit transformiert alles. Ihre bloße Anwesenheit ist eine Revolution. Darum sage ich euch, habt keine Angst. Seht, was wirklich da ist, und flüchtet euch nicht in Träume und Phantasien. Derjenige, der es wagt, diesen Schutzraum aufzugeben, wird von der Wahrheit beschützt werden.

Heute Morgen fragte mich jemand, was es heißt, sich selbst direkt zu kennen. Dich selbst direkt zu kennen bedeutet, die Meinungen anderer über dich nicht anzunehmen. Seht selbst, was da im Inneren ist, was sich in euren Gedanken, euren Leidenschaften, euren Taten, in euren Hoffnungen und Wünschen verbirgt.

Seht euch diese Dinge genau an, wie man sich einen neuen Ort anschaut, nachdem man sein Ziel erreicht hat. Betrachtet euch wie einen Unbekannten, so als ob ihr einen Fremden betrachtet. Das wird euch unendlich gut tun. Mehr als alles andere wird es euer großartiges

Selbstbild zerhauen, das ihr euch in eurem Kopf geschaffen habt. Das Zerstören dieses Idols ist notwendig, denn erst nachdem dieses eingebildete Idol zerschmettert ist, könnt ihr vom Land der Träume ins Land der Realität gelangen.

Bevor wir wahr und gut werden können, müssen wir erst die selbstgeschaffenen Illusionen über die Wahrheit und das Gute zertrümmern, die wir erfunden haben, um unsere Unwahrheit und das Böse dahinter zu verstecken. Diese Illusionen waren ein einziger Selbstbetrug.

Niemand erfindet einfach so ein fiktives Bild oder eine fiktive Persönlichkeit. Man macht es aus einer Notwendigkeit heraus. Man macht es, um sich selbst vor Demütigungen zu bewahren: Wenn man das Tier erblickt, das in einem wohnt, quält einen schon allein die Anwesenheit dieses Tieres, und man fühlt sich dadurch in sich gedemütigt. Es gibt zwei Möglichkeiten, sich vor dieser Demütigung zu retten: Entweder muss das Tier verschwinden, oder man muss es vergessen. Um es zum Verschwinden zu bringen, muss man sich eine spirituelle Disziplin auferlegen.

Das Tier zu vergessen ist dagegen sehr einfach, eine ganz einfache Angelegenheit: Reine Einbildung schafft das spielend. Wir machen uns ein falsches Bild von uns, und mit Hilfe dieses Bildes wird das Tier in Schach gehalten. Damit verschwindet es aber nicht. Es wird hinter dem Bild wirksam. Dieses Bild erscheint im Außen, dahinter liegt aber das Tier. Seht ihr nicht, wie dieses Bild im wirklichen Leben vergilbt und jeden Tag Lügen gestraft wird? Das ist ganz normal. Das Tier im Inneren ist die Wirklichkeit und besiegt all unsere Bemühungen.

Tagtäglich wird die eingebildete Persönlichkeit vom Tier zunichte gemacht.

Aber dennoch haltet ihr eure Bilder am Leben und hätschelt sie. Und ständig seid ihr damit beschäftigt, Wege zu finden, um anderen und euch selbst zu beweisen, dass sie echt sind – durch milde Gaben, barmherzige Taten und euren Dienst am Nächsten, mit all euren sogenannten moralischen Engagements.

Ist nicht all dies nur ein Versuch zu beweisen, dass die Bilder echt sind? Aber das alles bringt nichts. Das Bild, das ihr von euch konstruiert habt, ist dennoch tot. Es bleibt leblos, es gibt keine Möglichkeit, es zum Leben zu erwecken.

Ich fordere euch auf, euch von diesem toten Gewicht zu befreien. Lasst diesen falschen, toten Begleiter fahren, und erkennt und versteht den echten. Der Weg führt nicht über den ersten, sondern den letzten, den echten, und weil ihr den vermeiden wollt, habt ihr euch dieser Selbsttäuschung überlassen.

Gestern Abend ging ich über ein Feld, wo ich Vogelscheuchen sah. Man hatte Stöcke aufgestellt und mit Hemden bekleidet, oben hingen Tonkrüge als Köpfe. In der Dunkelheit hielten die Vögel und Tiere sie für Wachleute und wurden so verscheucht. Ich blickte auf die Vogelscheuchen und schaute gleichzeitig auf meine Begleiter. Dann sagte ich: „Schauen wir mal in uns hinein, um zu sehen, ob wir nicht auch Vogelscheuchen sind." Darauf fingen meine Begleiter zu lachen an, aber ich sah, dass ihr Lachen falsch war. Alles in uns ist so falsch geworden – unser ganzes Leben, unser Benehmen, unser Lachen, unsere Tränen. Alles ist falsch geworden.

Wir sind erschöpft von der Last dieser Falschheit. Und obwohl diese Falschheit so schwer ist, werfen wir sie nicht weg, denn vor dem, was hinter dieser Falschheit liegt, haben wir noch mehr Angst. Wir haben Angst, uns dort hineinzubegeben, denn den, für den wir uns die ganze Zeit selbst gehalten haben, können wir nirgends finden. Und den, dessen Gegenwart wir in anderen immer verachtet haben, finden wir dort in voller Aktion. Die Angst erlaubt uns nicht, uns selbst zu entdecken.

Auf dem Weg der Selbstverwirklichung steht Angstfreiheit an erster Stelle. Wer nichts wagt, kann nicht nach innen gehen. Um nach innen zu gehen, braucht es mehr Mut, als in dunkler Nacht einen einsamen, steinigen Pfad zu gehen. Denn sobald man nach innen geht, werden all die süßen Träume zerstört, die man so lange über sich selbst gehegt hat, und man findet sich selbst Auge in Auge mit den hässlichsten und erbärmlichsten Sünden – Sünden, von denen man dachte, man sei absolut frei davon. Wer aber wagt, sich selbst zu entdecken, wer sich in seine dunklen Straßen und Täler, in längst verlassene Orte vorwagt, entdeckt, dass er ein neues Leben begonnen hat. Mit diesem mutigen Sprung in die Dunkelheit macht er sich auf eine Reise, die schließlich zum Licht führt – dem Ziel, das er seit vielen Leben gesucht hat, dem Ziel, das ihm immer entwichen ist, weil er nie gewagt hat, in die Dunkelheit zu schreiten.

Dunkelheit hat das Licht verhüllt und verborgen, wie ein Haufen Asche die Glut verdeckt. Sobald wir in die Dunkelheit eindringen, sehen wir das Licht.

Darum sage ich: Habt keine Angst vor der Dunkelheit, wenn ihr ans Licht wollt. Wer sich vor der Dunkelheit fürchtet, wird nie zum Licht gelangen. Der Pfad zum Licht führt durch die Dunkelheit hindurch. Dieser mutige Einstieg in die Dunkelheit wird in Wirklichkeit selbst zum inneren Licht verwandelt. Dank diesem Wagemut erwacht, wer tief, tief geschlafen hat. Ich sehe, dass ihr begierig seid, euch selbst zu erkennen, aber Angst davor habt, euch so kennenzulernen wie ihr wirklich seid. Euch gefallen Worte wie *„Sat-Chit-Anand* – Sein-Bewusstsein-Glückseligkeit" oder „reine Buddhanatur", weil sie euch dabei helfen, zu vergessen, was ihr wirklich seid – nämlich die absolute Antithese von Sein-Bewusstsein-Glückseligkeit, und sie euer Ego aufbauen.

Deswegen scharen sich die Sünder um eure sogenannten Heiligen, denn was sie dort über die Reinheit der Seele hören und darüber, mit *Brahma* eins zu sein, befriedigt sie ungemein. So unterdrücken sie ihren Minderwertigkeitskomplex, ihr Selbstmitleid und können sich wieder vor ihren eigenen Augen aufrichten. Das hat nur ein Ziel: Es wird wieder einfacher zu sündigen, denn die Seele ist ja rein und nicht davon betroffen! Zu glauben, eure Seele sei ewig rein und eure Buddhanatur unberührt, setzt der Sünde kein Ende. Es ist reiner Selbstbetrug, es ist der letzte Trick des menschlichen Verstandes. Im bloßen Glauben, die Dunkelheit existiere nicht, habt ihr noch lange kein Licht.

Eine Ideologie, die einen glauben lehrt, es gebe keine Sünde und die Seele sei nicht an der Sünde beteiligt, ist sehr gefährlich. Sie ist bloß ein Mittel, um seinen sündhaften Zustand zu vergessen. Sie führt nicht zum Ausmerzen der Sünde, sondern zum Vergessen der Sünde. Und das Vergessen der Sünden ist schlimmer als deren

Existenz. Könnt ihr eure Sünden sehen? Sich ihrer bewusst zu sein ist gut, ist heilsam. Sie jedoch nicht sehen zu können, sich ihrer nicht bewusst zu sein ist schädlich, denn hat man sie einmal gesehen, beginnen sie zu stacheln und zu piksen, um uns daran zu erinnern, uns zu transformieren. Sich der Sünden bewusst zu werden, bringt Veränderung mit sich, und sich ihrer vollständig bewusst zu werden, bedeutet eine unmittelbare Revolution, eine sofortige Transformation.

Verwickelt euch darum nicht in das Geschwätz über die Reinheit der Seele, ihre Buddhanatur und so weiter. Die Seele hat nichts mit Glauben zu tun. Sie ist etwas, das man direkt erkennen muss, nachdem die sündenbeladene Persönlichkeit abgelegt worden ist, und der Sucher durch die Schichten der Dunkelheit bricht und in sein eigenes geheimes innerstes Zentrum des Lichts eintritt. Das ist direkte Erkenntnis. Es ist nichts, was man sich vorstellen könnte.

Jedes imaginäre Konzept darüber wird wahrscheinlich höchst schädlich sein. Es kann zum Hindernis auf dem Weg des Lichts werden. Denn wenn ihr glaubt, es gebe keine Dunkelheit, besteht auch kein Anlass, zu versuchen, etwas zu beseitigen, was eurem Glauben nach nicht existiert. Und wenn die Seele weder Gutes noch Böses tut, warum darüber hinausgehen?

Diese hohlen Äußerungen unserer sogenannten Philosophen haben viele Leute in eine Welt der Unbewusstheit geworfen. Dieses Gift hat sich weit verbreitet, und seinetwegen betrachten wir uns als Gott, obwohl es schwierig würde, auf dieser Erde größere Sünder als uns zu finden! Vergesst nicht, dass diese ganze Selbstverherrlichung und all das Gerede über die Reinheit der Seele darauf ausgerichtet sind, die Existenz der Sünde zu ignorieren. Es ist schwierig für alle, die in die Falle dieses Geredes geraten sind, ihr wieder zu entrinnen. Sich von der Sünde zu befreien ist einfach, schwierig ist es, sich dem Griff dieser gefährlichen „Philosophie" zu entwinden.

Die Tatsache, dass die Seele rein ist, ist weder eine Theorie noch ein Prinzip, sondern eine direkte Erkenntnis. Und jede Diskussion darüber ist wertlos. Es ist so, als würde man im Kopf eines Kranken die Illusion schaffen, seine Krankheit existiere nicht. Wenn der Kranke dies als Evangelium annimmt, folgt daraus nicht Heilung, sondern der sichere Tod.

Die Wissenden diskutieren nicht über Erkenntnis, sie reden über den Pfad, der zur Erkenntnis führt. Nicht die Erkenntnis, sondern die Meditation selbst ist zu beachten. Erkenntnis folgt der spirituellen Disziplin ganz automatisch. Über sie nachzudenken ist sinnlos. Und sobald jemand die Erkenntnis als gegeben voraussetzt, wird die spirituelle Disziplin für ihn unmöglich.

Seht nur, wie leicht es doch ist, Erkenntnis ohne spirituelle Disziplin für selbstverständlich zu halten! So beginnt man, sich an der Befreiung von Sünden zu erfreuen, ohne sie wirklich losgeworden zu sein. Und im tiefen Bann der Illusion fangen Bettler an, sich wie Kaiser zu fühlen. Welch eine Freude muss es doch für Bettler sein, wenn man ihnen sagt, sie seien Kaiser! Kein Wunder, dass alle, die ihnen das sagen, so geachtet werden, und sie sich ihnen zu Füßen werfen.

Eine einfachere und billigere Befreiung von Armut und Sünde gibt es nicht! Diese Pseudophilosophie gibt euch sehr einfach die Freiheit, eine spirituelle Disziplin hingegen verlangt dafür große Anstrengung.

Ich hoffe, ihr seid nicht in der Falle irgendeiner Pseudophilosophie oder eines Pseudophilosophen gefangen. Ich hoffe, ihr bedient euch nicht dieser Abkür–zung. Der einfachste und billigste Weg ist, einfach zu glauben, die Seele sei rein und erleuchtet, die Seele sei *Brahma* selber, und ihr bräuchtet nichts zu tun – und, was immer ihr zur Zeit gerade tut, sei natürlich das Beste, denn man müsse ja nichts aufgeben.

Vergesst nicht, dass man auch die Wahrheit missbrauchen und selbst die nobelste Wahrheit benutzen kann, um gemeine Wahrheiten zu verbergen. Das war schon immer so, und es passiert auch heute jeden Tag. Feigheit lässt sich hinter Gewaltlosigkeit verbergen, Sünde lässt sich unter der Philosophie der Reinheit und dem erleuchteten Zustand der Seele verbergen, und Faulheit unter dem Gewand von Sannyas.

Ich möchte euch vor diesen Gefahren warnen. Falls ihr euch nicht vor ihnen in Acht nehmt, könnt ihr keinen großen Fortschritt in Richtung Selbst machen. Sucht nicht Unterschlupf in irgendeinem philosophischen Unterstand, um der Sünde und der Dunkelheit zu entkommen, die euch einhüllen. Erkennt sie, macht euch mit ihnen vertraut. Sie sind da. Vergesst nicht, dass sie existieren. Auch wenn sie wie Träume sind, existieren sie trotzdem. Denkt nicht, Träume existieren nicht.

Auch ein Traum hat seine Existenz. Auch er kann uns überwältigen, uns stören. Zu sagen, „es war nur ein Traum", führt nirgendwohin. Es gibt keine andere Lösung, als aufzuwachen. Aber wenn einer will, kann er sogar träumen, er sei erwacht. Eine falsche Philosophie, eine Philosophie ohne Meditation, tut genau das. Sie weckt euch nicht auf, sie erzeugt nur den Traum des Aufwachens. Das ist ein Traum in einem Traum. Habt ihr noch nie Träume gehabt, in denen ihr euch selbst als wach gesehen habt?

Bloß zu glauben und zu sagen, es gebe keine Sünde, keine Dunkelheit, ist zwecklos. Es ist nur ein Ausdruck eures Wunsches – nicht der Wahrheit. Unser Wunsch ist, dass es keine Sünde, keine Dunkelheit geben soll, aber der Wunsch allein genügt nicht. Das ist wichtig.

Und allmählich beginnen die Pseudophilosophen, an die Träume der Erfüllung zu glauben, genau wie ein Bettler, der ein König sein möchte, letztlich zu träumen anfängt, er sei einer geworden. Sie wünschen es sich ständig und bilden sich schließlich ein, sie hätten erlangt, was sie wollten, was aber in Wirklichkeit überhaupt nicht stimmt. Auf diese Weise ist es leicht, die Niederlage zu verschmerzen. Und so seufzen sie befriedigt in ihrem Schlaf, weil sie im Traum erlangt haben, was sie in Wirklichkeit nicht sind. Ich hoffe, ihr sucht hier nicht nach solch einer Befriedigung. Sonst seid ihr nämlich an die falsche Adresse geraten. Ich kann euch keine Träume geben. Ich kann euch keine Grundlage zur Selbsttäuschung liefern. Ich bin ein Traumzerstörer, und ich möchte euch aus eurem Schlummer aufwecken. Wenn das Schmerzen verursacht, dann verzeiht mir.

Aufzuwachen ist zweifellos schmerzhaft, es ist jedoch die einzige Buße. Dieser Schmerz beginnt, wenn ihr euch eures jetzigen sündhaften Zustands bewusst werdet, der Bewusstheit über den bedauerlichen Zustand eures

Selbst. Ihr könnt keinen weiteren Illusionen mehr nachhängen. Ihr kennt die Realität, so wie sie ist. Das wird Elend und Schmerz verursachen, denn es wird eure süßen Träume zerstören, in denen ihr euch selbst als Kaiser seht. Der Kaiser wird verschwinden, und der Bettler wird ins Licht rücken; die Schönheit verzieht sich, und das Hässliche kommt hervor; das Gute wird sich auflösen, und das Böse wird sich materialisieren; das Tier in euch wird in seiner ganzen Nacktheit vor euch stehen.

All dies ist notwendig, absolut notwendig. Man muss durch diese Qualen hindurch. Es ist unerlässlich, denn es sind die Geburtswehen. Und erst danach, nachdem wir dem Tier ins Auge geblickt haben, fangen wir an, denjenigen klar zu erkennen, der nicht das Tier ist.

Wer dem Tier ins Auge blickt, wird vom Tier getrennt. Dieses Erkennen des Tieres in uns durchbricht die Identifikation mit ihm. Das Beobachten trennt den Beobachter vom Beobachteten. Und so wird der Samen des Erwachens gesät, der, wenn er voll ausgewachsen ist, in der Selbsterkenntnis aufblüht.

Vor der Sünde, vor der Dunkelheit und vor dem Tier davonzulaufen ist keine spirituelle Disziplin, sondern Flucht – eine Flucht vor der Realität. Es ist wie der Vogel Strauß, der den Kopf in den Sand steckt und sich beim Gedanken, der Feind existiere nicht, nur weil er ihn nicht sehen kann, in Sicherheit wähnt. Wie schön, wenn es so wäre! Dem ist aber nicht so.

Den Feind nicht zu sehen heißt nicht, dass er nicht existiert. Im Gegenteil, so wird er nur noch gefährlicher. Mit geschlossenen Augen fällt man ihm leichter zum Opfer. Angesichts eines Feindes sollten unsere Augen umso weiter geöffnet sein, denn ihn zu erkennen liegt in unserem eigenen Interesse.

Unwissenheit kann uns nur schaden. Aus diesem Grund fordere ich euch auf, eure dunkle Seite voll und ganz zu entdecken und zu beobachten. Legt all eure Kleider ab und seht, was ihr seid. Legt all eure Prinzipien und Theorien zur Seite und seht, was ihr seid. Zieht den Kopf aus dem Sand und schaut. Schon das Öffnen der Augen, das reine Hinschauen ist eine Transformation, der Anfang eines neuen Lebens. Mit dem Öffnen der Augen beginnt eine Veränderung, und was immer ihr von da an macht, führt euch zur Wahrheit hin. Indem ihr die Schichten der Dunkelheit durchbrecht, begebt ihr euch ins Licht; indem ihr die Spinnweben der Sünde abwischt, gelangt ihr zu Gott; indem ihr der Unwissenheit einen tödlichen Schlag versetzt, gelangt ihr zur Seele.

Das ist der richtige Weg zur Selbstverwirklichung. Und dazu braucht man keine Träume zu träumen – keine Träume über die Seele und Gott, keine Träume über *Sat-Chit-Anand* und *Brahma*. Das hieße, eine Vogel-Strauß-Politik zu betreiben. Das ist die scheinbare Befriedigung der Faulen und nicht der rechte Weg der Bewusstheit.

Gestern Abend fragte mich jemand, was *Satsang* bedeute. Ich antwortete, *Satsang* bedeute, in Gesellschaft seiner selbst zu sein. Wahrheit kann man nicht draußen finden. Weder Guru noch heilige Schriften können sie euch geben.

Sie liegt in eurem Inneren, und wenn ihr zu ihr gelangen wollt, macht euch zu euch selbst auf. Seid mit euch. Doch wir sind immer in der Gesellschaft von anderen, nie in unserer eigenen.

Eckhart saß einmal allein unter Bäumen auf einem einsamen Feld. Ein Freund, der vorbeiging, sah ihn dort sitzen. Er näherte sich ihm und sagte: „Ich sah dich ganz allein hier sitzen und dachte, ich könnte dir etwas Gesellschaft leisten und bin deshalb zu dir gekommen." Wisst ihr, was Eckhart antwortete?

Er sagte: „Ich war mit mir selbst, aber jetzt, wo du gekommen bist, bin ich einsam."

Seid ihr jemals auf diese Weise mit euch selbst? Das ist *Satsang*, das ist Gebet, das ist Meditation. Wenn du allein bist mit dir, in dir, und kein Gedanke auftaucht, kein Gedanke an jemanden, dann bist du ganz bei dir. Wenn die äußere Welt abwesend ist, ist man im Inneren mit sich selbst. Und in diesem unbegleiteten Zustand, im Alleinsein, in eurem reinen Sein erkennt ihr die Wahrheit, denn in eurem innersten Wesen seid ihr selbst diese Wahrheit.

Es geht darum, religiös zu sein, nicht religiös zu erscheinen. Wann immer mich jemand übers Religiössein befragt, stelle ich ihm als erstes die Frage: „Möchtest du religiös erscheinen oder religiös werden?"

Die beiden Wege sind grundverschieden. Religiös sein ist ein Prozess der Selbstverwirklichung; religiös erscheinen ist nur eine Selbstverzierung. Die Gewänder der Einsiedler und Heiligen, ihre stereotypen, konventionellen Kutten, ihre Bücher, die Zeichen auf ihrer Stirn und auf ihrem Körper – all dies dient dazu, religiös zu erscheinen. Falls auch ihr auf diese Weise religiös erscheinen möchtet, ist das ganz einfach. Aber denkt daran, der Schein ist für die anderen, das Werden ist für euch selbst. Ich bin nicht das, was andere von außen kennen. Ich bin das, was ich in meinem Inneren selber von mir kenne. Hat es für euch irgendeinen Wert, wenn ich gesund erscheine? Wert hat es nur für mein eigenes Wesen.

Religiöse Eigenschaften kann man ebenso überstreifen wie religiöse Kleider. Die Leute tragen sie als Verzierungen, zur Dekoration. Und das ist noch viel gefährlicher. Das menschliche Verhalten kann zweierlei sein: entweder wie echte Blumen oder wie Papierblumen. Erstere stammen aus dem Leben und Saft der Pflanze selbst, letztere besitzen kein eigenes Leben. Sie tragen keine Blüten, und ihre Blätter müssen angeklebt werden. Authentisches Verhalten blüht auf, Scheinverhalten wird von außen zusammengesetzt.

Menschliches Verhalten ist sehr symbolisch. Es repräsentiert sein Inneres, deswegen ist es wichtig, das Innere zu verändern, nicht das Verhalten.

Wenn wir Fieber haben und die Körpertemperatur steigt, versuchen wir auch nicht, das Fieber loszuwerden, sondern die Temperatur zu senken. Wir versuchen, das Fieber zu senken, und das bringt die Temperatur zurück zum Normalstand. Temperatur ist bloß ein Symptom des Fiebers, keine eigentliche Krankheit. Sie ist nur ein Hinweis, sie ist nicht der Feind. Was würdet ihr von einem Arzt halten, der mit der Temperatur zu kämpfen beginnt? Denselben Blödsinn kann man im religiösen, im moralischen Leben finden. Äußere Anzeichen werden für den Feind gehalten, Symptome für die Krankheit und dann fangen wir zu kämpfen an. Das hilft aber nicht, die Krankheit zu eliminieren, im Gegenteil: Es ist der Patient, der so mit Sicherheit eliminiert wird.

Egoismus, Unwahrheit, Gewalt, Gier, Wut, Habgier, Verblendung sind alles nur Anzeichen, Symptome. Sie sind die Temperatur, nicht die Krankheit selbst. Unser Kampf darf sich nicht gegen sie richten, durch sie müssen wir nur lernen, dass es einen Feind in uns gibt. Dieser Feind ist die Unkenntnis des Selbst. Es ist diese Unwissenheit, diese Ignoranz, die sich auf viele Arten ausdrückt, wie zum Beispiel durch das Ego, die Gier, Lust, Angst, Wut, Gewalt, und so weiter. Und da es sich dabei nur um bloße Anzeichen handelt, kann ihre Zerstörung nicht die Ignoranz des Selbst zerstören, sie ist die Wurzel all dessen.

Nun, diese Symptome kann man nicht direkt zerstören. Meistens versuchen wir, sie zu verkleiden, indem wir die scheinbare Blume der Wahrheit über die der Unwahrheit legen, die der Gewaltlosigkeit über die Gewalt, die der Furchtlosigkeit über die Angst. Auch ihr habt euch bestimmt schon mit solchen Blumen geschmückt, und wenn ihr andere damit erfolgreich getäuscht habt, hoffe ich, dass ihr euch selbst nicht damit betrogen habt.

Es geht nicht darum, sich der Unwahrheit, der Gewalt und der Angst zu entledigen, sondern über diese Ignoranz des Selbst hinauszuwachsen. Das ist das eigentliche Problem. Sie alle existieren wegen dieser Ignoranz. Ohne diese können sie nicht existieren.

Wenn die Ignoranz des Selbst sich auflöst, verschwinden sie automatisch, und ihre Plätze werden ebenso automatisch von Wahrheit, Einfachheit, Wunschlosigkeit, Gewaltlosigkeit und Besitzlosigkeit eingenommen werden. Auch dies sind Symptome, sie sind die Symptome der Selbsterkenntnis.

8. Kapitel

Vom Ufer der Gedanken
in die Tiefen des Nichts

ICH KANN EUCH DIE WAHRHEIT NICHT GEBEN. UND WENN jemand sagt, er könne sie euch geben, könnt ihr sicher sein, dass er euch bereits eine Unwahrheit gegeben hat. Niemand kann euch die Wahrheit geben. Das liegt nicht am Gebenden, es zeigt nur, dass die Wahrheit etwas Lebendiges ist. Es ist kein unbeseelter Gegenstand, den man jemandem geben oder wegnehmen könnte. Es ist eine lebendige Erfahrung, die man selbst machen muss.

Tote Gegenstände können von einem Menschen zum anderen weitergegeben werden, nicht aber Erfahrungen. Kann ich euch etwa die Liebe, die Erfahrung der Liebe, die ich gehabt habe, weitergeben? Kann ich euch die Schönheit und die Musik geben, der ich begegnet bin? Wie wünsche ich mir doch, ich könnte euch die Freude geben, die mir selbst widerfahren ist, auf solch außergewöhnliche Art und Weise, in diesem meinem gewöhnlich aussehenden Körper! Aber das ist unmöglich. Es quält und peinigt mich, ich kann aber nichts dagegen tun. Welche Hilflosigkeit!

Einer meiner Freunde wurde blind geboren. Wie sehr wünschte ich mir, ich könnte ihm mein Augenlicht geben, aber es war nicht möglich. Vielleicht wird es eines Tages möglich sein, denn die Augen sind Teil des Körpers, und vielleicht kann man sie transplantieren. Das Augenlicht aber, das die Wahrheit sieht, kann niemals übertragen werden, egal, wie heftig man sich das auch wünschen mag. Es gehört zur Seele, nicht zum Körper.

Was immer man in der Welt des Selbst erreicht, kann nur durch eigene Anstrengung erreicht werden. In der Welt der Seele sind keine Schulden, keine Anleihen, kein Zählen auf andere möglich. Niemand kann sich dort auf geliehenen Beinen bewegen. Dort gibt es keine Zuflucht außer dem eigenen Selbst. Um die Wahrheit zu erlangen, müsst ihr eure eigene Zuflucht sein. Das ist die unausweichliche Bedingung.

Deswegen hab ich gesagt, dass ich euch die Wahrheit nicht geben kann. Nur Worte können vermittelt werden, Worte, die leblos und tot sind – und die Wahrheit bleibt immer hinter ihnen zurück. Und dieses Vermitteln von Worten ist eigentlich gar keine wirkliche Vermittlung. Was an ihnen lebendig ist – ihre Bedeutung, ihre Seele, die Essenz ihrer Erfahrung – ist nicht darin enthalten. Sie sind wie leere Patronenhülsen, wie Kugeln ohne Pulver. Sie sind wie tote Körper, Leichen. Sie sind nur eine Belastung; sie können euch niemals befreien. Durch Worte bekommt man nur die Hülle der Wahrheit, in dieser Hülle hört man nicht den Herzschlag der Wahrheit.

Wie ich schon sagte, kann die Wahrheit nicht vermittelt werden. Ich kann euch jedoch beim Abladen dieser Last auf eurem Rücken behilflich sein. Es ist eine Last, die ihr seit Jahrhunderten tragt, und sie ist sehr schwer geworden, unerträglich schwer. Ihr müsst von dieser Last der

Worte befreit werden. So wie der Staub den Reisenden bedeckt, der auf der Straße entlanggeht, so sammelt sich bei der Reise durchs Leben der Staub der Worte und Gedanken auf euch. Diesen Staub müsst ihr abbürsten.

Worte sind etwas Totes; sie sind nicht die Wahrheit. Niemandes Worte sind die Wahrheit. Sammelt sie nicht. Sie zu sammeln ist schädlich. Solange man dieses Gewicht mit sich herumschleppt, kann man die Pilgerreise zur Wahrheit nicht unternehmen. Genauso wie ein Bergsteiger sein Marschgepäck ablegen muss, bevor er beginnt, den Berg zu erklimmen und Höhe zu gewinnen, sollte auch jemand, der sich auf die Reise zur Wahrheit begibt, besser die Last der Worte ablegen. Nur ein Bewusstsein, das frei von Worten ist, kann die erhabenen Höhen der Wahrheit erreichen.

Ich lehre nur eine Form der Besitzlosigkeit, die Besitzlosigkeit von Worten und Gedanken. Ihr totes Gewicht macht eure Reise sehr schwierig. Tschuangtse hat gesagt: „Das Netz ist dafür da, um Fische zu fangen. Fangt die Fische, dann werft das Netz weg." Wir sind aber derart ungeschickte Fischer, dass wir uns im Netz verfangen und die Fische dabei aus dem Auge verlieren. Schaut auf eure Köpfe. Ihr tragt Boote auf euren Köpfen, und habt vergessen, dass ihr in ihnen segeln solltet.

Worte sind Symbole, Wegweiser. Sie sind nicht die Wahrheit. Versteht die Bedeutung der Zeichen und werft sie dann weg. Schilder zu sammeln ist nichts anderes, als Leichen zu sammeln. Worte sind wie Finger, die auf den Mond deuten. Wer seine ganze Aufmerksamkeit auf die Finger ausrichtet, verpasst den Mond. Die Finger dienen ihrem Zweck nur, wenn sie von sich weg weisen. Wenn sie euch aber zu sich hinziehen, und ihr euch in ihnen verheddert, dann sind sie nicht nur nutzlos, sondern auch schädlich. Sind die Worte, die ihr über die Wahrheit gelernt habt, für euch nicht bereits zu einer Quelle des Unglücks geworden? Haben sie euch nicht voneinander getrennt, Mensch von Mensch? Sind nicht all die Dummheiten und Grausamkeiten, die im Namen der Religion begangen wurden, aus Worten entstanden? Sind nicht all diese Sekten, auch als die verschiedenen Religionen bekannt, nur auf den Unterschied der Worte aus?

Die Wahrheit ist eins und kann nur eins sein, Worte aber gibt es viele; genau wie der Mond eins ist, während die Finger, die auf ihn zeigen, tausend sein mögen. Alle, die sich an eines oder mehrere der unzähligen Worte festgeklammert haben, die auf die Wahrheit zeigen, sind verantwortlich für die vielen religiösen Sekten. Diese Religionen sind nicht aus der Wahrheit entstanden, sondern aus Worten. Die Wahrheit ist eins, selbst die Religion ist eins. Alle, die sich von den Worten lösen, gelangen zu dieser einzigen Religion, zu dieser einzigen Wahrheit. Sie hat nicht ihresgleichen.

Ich möchte darum nichts zu eurer Last aus Worten hinzufügen, indem ich noch mehr rede. Ihr seid schon fast am Zusammenbrechen unter der schweren Last der Worte. Ich sehe ganz klar, dass euer Haupt unter ihrem Gewicht gebeugt ist.

Jene, die die Wahrheit erfahren haben, öffnen ihren Mund überhaupt nicht. Ihre Lippen bleiben versiegelt. Nicht ein Wort hört man von ihnen. Sagen sie dadurch nicht genug? Deuten sie nicht darauf hin, dass die Stille selbst die Wahrheit ist?

Wir aber sind unfähig, sie zu verstehen. Ohne Worte verstehen wir nichts. Unser Verständnis ist auf Worte begrenzt, und so sprechen sie zu uns durch das Medium der Worte. Sie sprechen in Worten über das, was nicht in Worten vermittelt werden kann. Es ist ihr Mitgefühl, das sie zum Versuch dieses unmöglichen Unterfangens verleitet, und aus unserer Unwissenheit heraus versuchen wir, jedes ihrer Worte festzuhalten. Worte in Verbindung mit Unwissenheit bilden eine Sekte – und so entzieht sich uns wieder einmal die Wahrheit, und das Religiöse bleibt so weit von uns entfernt wie eh und je.

Ihr müsst euch über die Worte erheben. Nur dann werdet ihr wissen, was hinter den Worten steht. Worte füllen nur euer Erinnerungsvermögen, Erkenntnis erwächst daraus nicht. Und verwechselt bitte nicht Erinnerung mit Verstehen. Erinnerung ist nichts anderes als eine Aufzeichnung der Vergangenheit. Sie ist ein Lernen, nicht ein Wissen.

Jemand fragte Ramana Maharshi, was er machen solle, um die Wahrheit zu erkennen. Er antwortete: „Vergiss alles, was du weißt." Wenn ihr nur alles vergessen könntet, was ihr wisst! Aus diesem Vergessen heraus würde die Unschuld und Einfachheit auftauchen, in der die Wahrheit und das Selbst erkennbar werden.

Wenn Worte und Gedanken, die aus Worten geformt sind, nicht euer Bewusstsein ausfüllen, kann das Licht seinen Weg hinein finden. In diesem freien Augenblick kommt ihr in Kontakt mit der Weisheit. Öffnet die Fenster und Türen des Bewusstseins. Und die Wände, die jetzt das Bewusstsein umgeben, müssen ebenfalls niedergerissen werden. Dann werdet ihr dem Licht begegnen, das eure wahre Natur ist. In Wahrheit muss man, um dem Himmel zu begegnen, zum Himmel werden – leer, frei, grenzenlos. Gedanken verhindern, dass dies passiert. Sie umgeben euch wie Wolken. Diese Wolken müssen sich verziehen. Wie könnte ich da noch mehr Gedankenwolken über euren Verstand verteilen?

Was ich euch sage, was ich euch sagen möchte, aber unfähig bin, euch mitzuteilen, ist nicht ein Gedanke oder eine Idee als solche – es ist eine Erfahrung, eine direkte Erkenntnis. Wäre es nur ein Gedanke, den ich mitteilen möchte, hätte ich ihn euch mitteilen können – und wäre die Erfahrung Teil der Außenwelt, das eine oder andere Wort hätte sie vermittelt. Diese Erfahrung ist aber nicht Teil der äußeren Welt. Es ist die Erfahrung von jemandem, der das Ganze erfährt. Es ist das Erkennen des Erkennenden. Und darin liegt die Schwierigkeit.

Beim übernommenen Wissen bleiben der Wissende und das Gewusste getrennt, der Sehende und das Gesehene sind verschieden voneinander. Beim Erkennen des Selbst jedoch sind sie nicht getrennt. Da sind der Wissende, das Gewusste und das Wissen eins. Und darum werden die Worte hier auch ziemlich wertlos. Sie sind nicht für den Gebrauch in diesem Zusammenhang geschaffen. Sie so zu gebrauchen heißt, sie weit über ihr Potenzial, über ihre Möglichkeiten hinaus zu strecken.

Kein Wunder, dass sie in diesem Tauziehen verkrüppeln und schlapp werden. Und obwohl sie auf den Körper hinweisen, auf die äußere Form der Wahrheit, können sie nicht die Seele der Wahrheit berühren. Die Wahrheit kann nur erkannt werden, wenn keine Worte mehr da sind.

Wie können Worte die Wahrheit ausdrücken? Was im Freisein von Gedanken erkannt wird, kann nicht durch Gedanken festgebunden werden. Gibt es eine Möglichkeit, den Himmel an die Erde zu binden? Und können wir ihn Himmel nennen, wenn wir ihn an die Erde binden können? Warum denken wir aber nicht so, wenn es um die Wahrheit geht? Ist die Wahrheit etwa weniger grenzenlos oder unendlich als der Himmel? Wenn man den Himmel in Bündel packen und auf dem Markt feilbieten könnte, würde ihn niemand kaufen wollen. Genauso versuchen wir, Wahrheit zu kaufen! Wahrheit, Gott und Befreiung werden als Sonderangebot auf dem Markt feilgeboten. Man kann den Verkäufern keinen Vorwurf machen. Sie befriedigen nur die Nachfrage der Käufer. Und solange es Käufer gibt, solange es Kunden für die Wahrheit gibt, kann man auch die Läden nicht schließen, die diese Patentwahrheiten anbieten. Alle Organisationen und alle Sekten, die im Namen der Wahrheit betrieben werden, haben sich in Läden verwandelt. Man kauft dort Wahrheiten von der Stange. Nicht nur Kleider, sondern auch Wahrheiten von der Stange. Ich kann euch nichts von der Stange anbieten. Patentwahrheiten gibt es ganz einfach nicht.

Ich erinnere mich an eine Geschichte.

Ein Meister stellte einmal seinem Schüler eine Frage über die Wahrheit. Der Schüler antwortete, und der Guru sagte: „Ja, das ist richtig."

Am nächsten Tag stellte der Guru wieder die gleiche Frage. Der Schüler sagte, er habe doch bereits am Tag zuvor darauf geantwortet. Der Guru bat ihn, noch einmal zu antworten. Der Schüler wiederholte, was er am Vortag gesagt hatte, worauf der Guru sagte: „Nein! Nein!" Der Schüler war überrascht und sagte zu seinem Guru: „Gestern sagtest du ‚Ja, das ist richtig', wie kommt es dann, dass du heute nein' sagst?"

Wisst ihr, was der Guru antwortete?

Er sagte: „Gestern war es ‚ja', heute ist es ‚nein'."

Versteht ihr, was uns diese Geschichte sagen will? Sie besagt, dass die Antwort des Schülers stereotyp geworden war. Sie war in einem festen Muster gefangen. Sie hatte ihr Leben verloren, sie war tot. Sie wurde Teil der Erinnerung. Es war kein Erkennen mehr dabei. Unsere Erinnerungen sind voll von solchen toten Antworten, und deswegen kann das, was lebt, nicht an die Oberfläche gelangen.

Meine Freunde, ihr müsst wach werden für die Erfahrung – für das Erfahren –, nicht die Erinnerung. Erinnerung ist totes Gewicht; Erfahrung ist lebendige Befreiung. Es ist unmöglich, sich die Erfahrung der Wahrheit im Voraus vorzustellen. Die Wahrheit kann nicht durch eine Terminologie oder durch irgendeine starre Definition eingekerkert werden, die eine Philosophie, Religion oder Ideologie bestimmt hat. Wir können nicht erwarten, dass die Wahrheit sich irgendeiner Ideologie oder irgendeiner Denkrichtung anpasst. Jede Bemühung, sie in ein Muster zu zwängen, ist vergeblich.

Wir müssen die Wahrheit nicht in ein Gefängnis sperren, im Gegenteil, wir müssen uns davon befreien. Der Weg zur Wahrheit liegt nicht darin, sie zu definieren, der Weg liegt darin, uns selbst kennenzulernen. Sperrt die Wahrheit nicht ein; befreit euch selbst – das ist der einzige Weg zur Erkenntnis. Die Erkenntnis der Wahrheit ist nur durch Erfahrung möglich. Man kann sie durch nichts anderes erkennen als durch Selbsterkenntnis oder Selbsterfahrung. Erfahrung, und nur Erfahrung, ist der entscheidende Faktor.

Ich stand einmal an einem Wasserfall. Ich trank das Wasser und fand, dass es süß war. Das gilt auch für die Wahrheit – trinkt und erkennt. Das ist der Geschmack, den ihr nur erkennen könnt, wenn ihr trinkt. Wahrheit ist kein Produkt eures Wissens, sie ist nicht eure Schöpfung. Ihr stellt sie nicht selber her. Niemand stellt sie her; niemand kann sie herstellen. Sie ist bereits vorhanden. Man kann sie nirgendwo kaufen, sie ist bereits da. Sobald ihr die Augen öffnet, ist sie sichtbar; sobald ihr sie schließt, ist sie unsichtbar. Sie ist genau wie Licht. Ihr braucht es nicht zu kaufen. Ihr müsst nur die Augen öffnen, und schon tritt die Wahrheit in ihrer ganzen Unschuld hervor, in ihrer vollkommenen Reinheit, in der Ganzheit ihres Seins – und transformiert euch. Damit dies möglich wird, ist es wichtig, dass ihr euch nicht mit geborgten Gedanken verderbt oder die Überbleibsel von anderen annehmt.

Was also soll ich euch sagen? Ich werde nicht über die Wahrheit reden. Worüber soll ich dann sprechen? Ich werde zu euch darüber sprechen, *wie* man die Wahrheit erkennen kann. Ich werde nicht über das Licht zu euch sprechen, sondern euch sagen, *wie* ihr eure Augen öffnen und das Licht sehen könnt. Ich werde nicht sagen, was ich sehe, sondern euch sagen, *wie* ich es sehe. Nur das kann man sagen. Und es ist ein Segen, dass man wenigstens dies sagen kann.

Religion, wahre Religion, befasst sich nicht mit der Doktrin der Wahrheit, sondern vielmehr mit der Methode, wie man die Wahrheit erkennen kann. Darum werde ich auch nichts über die Wahrheit sagen. Ich möchte sie nicht enthüllen, bevor ihr sie selbst seht. Ich möchte euch dorthin führen, wo ihr sie selbst erkennen könnt, bis zu dem Punkt, wo eure Unwissenheit sich auflöst und ihr des Feuers Flamme – eurem Selbst – begegnet.

Lasst uns nun über die Methode sprechen.

Wer gerne den Pfad zur Wahrheit beschreiten möchte, sieht, dass ihm zwei Türen offenstehen: die eine ist, über die Wahrheit nachzudenken; die andere, ein spirituelles Bemühen, das zum Erkennen der Wahrheit führt. Die eine ist der Weg der Logik, die andere der Weg der Meditation. Die eine ist der Weg der Kontemplation über die Wahrheit, die andere ist der Weg der Disziplin, die zu deren Erkenntnis führt. Es sieht so aus, als ob es zwei Türen gäbe, aber soweit ich es sehe, gibt es nur eine Tür. Die andere existiert nicht, sie tut nur so. Diese andere Tür ist nur eine Illusion.

Der Weg des Nachdenkens über die Wahrheit ist eigentlich kein wirklicher Weg. Es ist eine falsche und illusorische Tür und wegen ihr gehen viele in die Irre. Durch die Tür der Gedanken, durch das Nachdenken über die Wahrheit, werdet ihr nirgendwohin gelangen. Selbst wenn man diesem Pfad lange gefolgt ist, wird man feststellen, dass man da steht, wo man angefangen hat. Und etwas, das nur einen Anfang, aber kein Ende hat, kann nur der Anfang einer Illusion sein.

Was macht ihr, wenn ihr über die Wahrheit nachdenkt? Wie wollt ihr über die Wahrheit nachdenken? Ihr könnt nicht über etwas nachdenken, das ihr nicht kennt. Wie könnte sich ein Gedanke um das Unbekannte drehen? Seine Reichweite liegt nur im Bereich des Bekannten. Denken kann Probleme schaffen, es kann sie aber nicht lösen. Jeder, der sich dem Denken hingibt, wird sich im Chaos verlieren, und sein Verstand wird in einer Art von Verrücktheit enden. Dass so viele Denker verrückt geworden sind, ist kein Zufall. Es ist der Höhepunkt des Denkens, seine letztliche Bestimmung. Der Weg des Denkens ist kein Weg, um zur Wahrheit zu gelangen.

Lasst mich euch eine Geschichte erzählen, eine wunderbare Geschichte:

Es war einmal ein Mann, der sich auf die Suche nach dem Ende der Welt machte. Nach einer langen Reise, nach einer fast endlosen Pilgerfahrt, kam er zu einem Tempel, auf dem die Worte „Das ist das Ende der Welt" geschrieben standen. Er war sehr überrascht und konnte nicht glauben, was er da sah. Er ging weiter und kam nach kurzer Zeit zu der Stelle, wo die Welt endete. Ein tiefer Abgrund tat sich vor ihm auf, unermesslich, leer. Er blickte hinein. Da war absolut nichts. Sein Atem stockte, und sein Kopf fing an zu schwirren. Er drehte sich um und lief weg. Kein einziges Mal blickte er zurück.

Das ist eine Geschichte über das Ende des Denkens. Wenn wir über die Wahrheit nachdenken, denken wir immer weiter und weiter und weiter, bis wir an einen Punkt gelangen, wo weiteres Denken unmöglich wird. Das ist das Ende des Denkens.

Es wird sich ein Raum, eine abgrundtiefe Leere vor uns auftun, und unser Verstand wird sich weigern, auch nur einen Schritt weiter zu tun. Ein solcher Augenblick kommt im Prozess des Denkens, wenn wir ihn bis zu seinem Ende gehen. Das ist unvermeidbar.

Und wenn ihr immer noch meint, es gebe noch mehr, worüber man nachdenken könnte, glaubt mir, dann habt ihr noch nicht das Ende erreicht. Wenn es nichts mehr zu denken gibt, rein gar nichts, und kein weiterer Schritt mehr möglich ist, so wisst, dass es wirklich das Ende ist, dass ihr am Tempel angekommen seid, wo die Welt endet.

Hätte der Mann, der am Ende der Welt angelangt war, mich um Rat gefragt, könnt ihr euch vorstellen, was ich ihm geraten hätte? Ich hätte ihm nicht geraten, davonzulaufen. Ich hätte ihm gesagt, dass es besser wäre, wo er doch schon so weit gereist sei, noch einen Schritt zu machen, den letzten und wichtigsten Schritt. Ich hätte ihn aufgefordert, kühn in den Abgrund, in den leeren Raum, ins Nichts vor ihm zu springen. Ich hätte ihm gesagt, dass nur dieser letzte Schritt nötig ist, und ich hätte ihn aufgefordert, zu bedenken, dass dort, wo die Welt endet, das Königreich Gottes beginnt.

Es gibt keinen wichtigeren Punkt als diesen, wo die Welt aufhört, denn dort beginnt das Reich Gottes. Die Vision Gottes beginnt, wenn das Denken zum Stillstand kommt. Wo das Denken endet, erkennt man die Wahrheit. Ihr müsst die Gedanken loslassen und ins Gedankenlose springen. Von den Worten müsst ihr ins Nichts springen, in die Leere. Das ist der Weg. Das ist Tapferkeit.

Das ist wahre Entsagung. Das ist die wahre spirituelle Suche. Wenn ihr an diesem Punkt eine Vision von Brahma, Vishnu und Mahesh habt, seid euch bewusst, dass ihr immer noch denkt. Wenn ihr Mahavir, Buddha oder Krishna seht, seid euch bewusst, dass ihr immer noch träumt. Dann habt ihr das eigentliche Ziel nicht erreicht. Das wahre Ziel ist dort, wo es nichts zu denken gibt, nichts zu sehen gibt, nichts zu wissen gibt. Nur eure Leere bleibt übrig. In Wirklichkeit seid auch ihr nicht mehr da. Nur das Nichts, die Leere bleibt.

Ihr steht am Ende der Welt, euer Verstand möchte zurückkehren, und zwar mit aller Macht. In diesem Augenblick braucht es Mut – ihr müsst noch einen Schritt weiter gehen. Nur noch ein Schritt, noch ein Sprung – und alles transformiert sich. Dann bleibt kein Denken mehr übrig. Dann ist da Erkennen, Verwirklichung.

Dann wisst ihr; wisst, wenn ihr alles Wissen fallenlasst; seht, wenn ihr alles Sehen aufgebt. Und wenn ihr aufhört, in irgendeiner Weise zu sein, seid ihr zum ersten Mal wirklich. Der Weg der Selbstrealisation ist ein Sprung ins Tal des Todes. Aber das ist der einzige Weg, Unsterblichkeit zu erlangen. Dazu braucht man nicht zu denken, man muss aus dem Denken herausspringen. Und dieser Sprung aus dem Denken heraus ist Meditation. Jeden Tag spreche ich nur darüber…

Gedanken sind die Wellen auf dem Ozean des Bewusstseins. Sie sind wie flüchtige Schaumblasen, schon fast wieder verschwunden, bevor sie richtig geformt sind. Sie deuten auf eine unruhige und aufgewühlte Oberfläche hin. Einer, der drin ist, spürt keine Tiefe; in ihnen zu sein heißt, im seichten Wasser zu sein. Alle Gedanken sind seicht. Kein Gedanke kann tief sein, genau wie es in den Tiefen des Meeres keine Wellen geben kann. Wellen sind nur an der Oberfläche möglich, und auch Gedanken sind nur ein Spiel an der Oberfläche des Bewusstseins.

Der Ozean ist nicht in den Wellen, die Wellen sind im Ozean. Ohne Ozean kann es keine Wellen geben, aber es kann einen Ozean geben ohne Wellen. Es kann keine Gedanken ohne Bewusstsein geben, aber es kann Bewusstsein ohne Gedanken geben.

Bewusstsein ist die Quelle, der Ursprung. Falls ihr sie kennenlernen möchtet, müsst ihr euch unter die Wellen begeben, hinter die Wellen. Ihr könnt nicht einfach nur am Strand sitzenbleiben. Kabir sagte: „Ich begab mich auf die Suche, blieb aber dummerweise am Strand sitzen." Bleibt bitte nicht am Strand sitzen wie Kabir.

Am Strand gibt es nichts zu sehen, ihr müsst in das Eintauchen, das den Strand schafft. Der Strand ist nur da, damit ihr ins Meer springen könnt. Es ist auch möglich, dass jemand nicht am Strand stehenbleibt, sondern sich auf den Wellen treiben lässt. Meiner Ansicht nach gehört auch das noch zum Strand. Was immer euch daran hindert, einzutauchen und zu ertrinken, ist der Strand. Leute, die in Gedanken schwimmen, sind in dieser Situation. Sie stehen unter der Illusion, dass sie vom Strand weg sind, in Wahrheit ist das aber nicht so. Um ins tiefe Meer zu tauchen, müssen sie auch die Wellen hinter sich lassen.

Als Mahavira starb, hinterließ er seinem geliebten Jünger Gautama, der gerade abwesend war, eine Botschaft. Sie lautete: „Sagt Gautama, er habe den Fluss ganz gut überquert, aber fragt ihn, warum er sich jetzt am Ufer festhält. Sagt ihm, er solle auch dieses hinter sich lassen." Von welchem Ufer spricht da Mahavira? Ich spreche vom gleichen Ufer. Es ist das Ufer des Denkens; es ist das Ufer von jemandem, der in Gedanken schwimmt. Wahrheit erlangt man durch das Tauchen, nicht durch Schwimmen. Das Schwimmen spielt sich an der Oberfläche ab; das Tauchen führt in unermessliche Tiefen. Ihr müsst vom Ufer der Gedanken in die Tiefen des Nichts eintauchen. Es gibt einen Reim aus Bihar: „Die nicht ertrunken sind, ertranken wirklich; die Ertrunkenen aber überquerten die Schwelle."

Was wollt ihr also tun? Falls ihr die Schwelle überqueren wollt, ist der Mut, euch selbst zu ertränken, absolut notwendig. Ich lehre euch das Ertrinken, dieses Verschwinden, damit ihr den Ozean überqueren könnt, damit ihr sein könnt, was ihr in Wirklichkeit seid.

9. Kapitel

In die Lücke eintreten

Osho, dir zufolge kann einem niemand die Wahrheit vermitteln. Ist also das, was du sagst, nicht die Wahrheit?

WAS ICH EUCH SAGE, IST NUR EIN HINWEIS AUF DIE WAHRheit und sollte nicht als wahr an sich gesehen werden. Ihr sollt nicht auf den schauen, der hinweist, sondern dahin, wo er hindeutet. Was ihr dort seht, ist die Wahrheit. Es ist unmöglich, über diese Wahrheit zu sprechen. Sobald man etwas über sie aussagt, ist sie schon falsch. Wahrheit kann man erfahren, aber nicht benennen.

Du sagst, wir sollen ganz eintauchen und uns ertränken. Wie soll das gehen?

Ich sage euch aus meiner persönlichen Erfahrung, dass es keinen einfacheren Weg gibt, als zu ertrinken – im eigenen Selbst zu ertrinken. Man muss nur aufhören, an der Oberfläche des Verstandes einen Halt zu suchen. Solange man sich an den Gedanken festhält, kann man nicht untergehen, und mit ihrer Hilfe bleibt man weiter an der

Oberfläche. Wir haben die Angewohnheit, Gedanken festzuhalten. Sobald ein Gedanke vorbei ist, klammern wir uns an den nächsten – wir begeben uns aber nie in die Lücke zwischen zwei aufeinanderfolgenden Gedanken. Genau diese Lücke ist der Weg, sich in den Tiefen zu ertränken. Bewegt euch nicht in Gedanken – taucht tief in die Lücken zwischen ihnen ein.

Wie ist das möglich? Es ist durch Bewusstheit möglich, durch das Beobachten des Gedankenstroms. Genauso wie jemand am Straßenrand steht und die Leute vorbeigehen sieht, sollt auch ihr eure Gedanken beobachten. Es sind nur Fußgänger, die auf der Straße des Verstandes in euch drinnen vorbeigehen. Beobachtet sie einfach. Fällt keine Urteile über sie.

Wenn ihr sie völlig losgelöst beobachten könnt, öffnet sich die Faust, die sie festgehalten hat, automatisch, und ihr merkt, wie ihr nicht in den Gedanken, sondern im Zwischenraum steht, in der Lücke zwischen ihnen. Diese Lücke hat aber keinen Boden; es ist darum nicht möglich, einfach dort zu stehen. Wenn man dort steht, ertrinkt man. Und dieses Ertrinken ist die eigentliche Hilfe, denn dadurch erreicht ihr das, was ihr wirklich seid. Wer Hilfe im Bereich der Gedanken sucht, hängt in Wirklichkeit haltlos in der Luft – wer aber alle Krücken von sich wirft, erhält die Unterstützung seines eigenen Selbst.

Ich möchte meinen Verstand bezwingen, aber es scheint unmöglich zu sein. Du jedoch sagst, es sei ganz einfach. Wie mache ich das bloß?

Schon im bloßen Gedanken ans Bezwingen sehe ich den Keim der Unmöglichkeit, etwas zu bezwingen. Und es ist genau das, was dem Menschen nicht erlaubt, überhaupt etwas zu bezwingen. Willst du deinen eigenen Schatten erobern? Ist das möglich? Sobald ihr wisst, dass der Schatten ein Schatten ist, habt ihr ihn bereits besiegt. Der Schatten braucht nicht bezwungen zu werden, man muss ihn nur erkennen. Und was für den Schatten gilt, gilt auch für den Verstand. Ich fordere euch auf, den Verstand kennenzulernen, nicht ihn zu bezwingen.

Jemand sagte einmal zu Bodhidharma: „Mein Verstand ist sehr unruhig. Kannst du mir bitte den Weg zeigen, wie ich ihn beruhige?"

Bodhidharma antwortete mit einer Frage: „Wo ist dein Verstand? Bring ihn mir, und ich werde ihn beruhigen." Der Mann sagte: „Darin liegt ja gerade die Schwierigkeit. Er entzieht sich all meinen Versuchen, ihn einzufangen."

Hätte ich mich an Bodhidharmas Stelle befunden, hätte ich gesagt: „Versuche nicht, ihn einzufangen, lass ihn los. Der bloße Wunsch, ihn festzuhalten, macht seine Ruhelosigkeit aus. Kannst du denn einen Schatten einfangen?"

Wisst ihr, was Bodhidharma sonst noch sagte? Er sagte: „Schaut mich an. Habe ich meinen nicht beruhigt?"

Wenn ihr euren Verstand nur beobachten könnt, ohne zu versuchen, ihn festzuhalten oder ihn zu bezwingen, werdet ihr feststellen, dass er nicht mehr vorhanden ist. In früheren Zeiten fragte man sich, wenn man versuchte, ein Pferd zuzureiten, ob es wohl besser sei, das Pferd sich müde laufen zu lassen oder die Zügel straffer zu halten. Diese beiden Methoden gibt es auch, um den Verstand zu bezwingen, ihn unter Kontrolle zu bringen.

Ich würde aber zu keiner der beiden Methoden raten. Ich würde euch auffordern zuerst hinzuschauen, ob denn überhaupt ein Pferd da ist. Ihr wollt etwas müde machen, zäumen und satteln, was gar nicht existiert. Beide Bemühungen sind sinnlos, denn es gibt gar kein Pferd. Das Pferd ist der Schatten eurer Unwissenheit. Wenn ihr erwacht, gibt es weder Pferd noch Verstand zu bezwingen oder unter Kontrolle zu bringen.

Du forderst uns auch auf, keine Gedanken festzuhalten. Gilt dies auch für gute Gedanken?

Falls ihr euer wahres Wesen kennen wollt, müsst ihr sowohl die guten wie die bösen loslassen und leer werden. Gedanken, gute wie böse, sind alle übernommen. Sie kommen von außen; sie drängen sich von außen herein. Euer wahres Wesen versteckt sich darunter, unter dieser Decke. Gedanken als solche bedecken etwas. Sie sind wie Ketten, an die ihr gebunden seid. Ihr müsst diese Ketten durchbrechen, dabei spielt es keine Rolle, ob sie aus Eisen oder aus Gold sind.

Was immer von außen kommt, ist etwas Angeeignetes, etwas Übernommenes – in unserem Inneren ist jedoch ein Zustand des reinen Bewusstseins, wo keine äußeren Eindrücke hindurchdringen können. Die Seele kommt erst zu sich selbst, wenn unsere ganze äußere Aufmachung, all unsere äußeren Konditionierungen abgefallen sind. Um eure Seele zu entdecken, braucht ihr einen unkonditionierten Verstand.

Wir sind aber voller Gedanken, und all jene, die religiös sind, fügen dem Haufen ständig Gedanken über Religion hinzu. Genau das versteht man unter „religiös sein"! Mit heiligen Schriften vollgestopft zu sein, hält man für religiös. Das ist absolut falsch.

Ein Lehrer sagte einmal zu einem seiner gelehrten Schüler: „Soweit ist alles in Ordnung, nur einen Fehler hast du noch."

Der Schüler dachte lange darüber nach, konnte aber in seinem Verhalten keinen Fehler finden, und fragte den Lehrer danach.

Der antwortete: „Du hast zu viel Religion in dir. Das ist der einzige Fehler, den du noch hast; er ist aber nicht unbedeutend."

Wie könnte zu viel Religion vorhanden sein? Vielleicht belasten zu viele religiöse Schriften, zu viele religiöse Gedanken den Verstand so sehr, dass er nicht in den Himmel der Wahrheit fliegen kann. Deswegen fordere ich euch auf, leer zu werden.

Entledigt euch vollständig aller Gedanken, aller Eindrücke, und seht dann, was in dieser Leere geschieht. Das größte Wunder des Lebens findet in dieser Leere, in diesem Nichts statt. In diesem Nichts begegnet ihr von Angesicht zu Angesicht euch selbst. Es gibt kein größeres Wunder! Denn sobald ihr euch selbst gegenübersteht, steht ihr Gott gegenüber.

Ich bete ein Idol an; nach deiner Auffassung braucht man kein Idol. Würdest du mir anraten, mein Idol aufzugeben?

Ich möchte nicht, dass ihr irgendwas aufgebt oder etwas Neues anfangt. Ich rufe euch nur dazu auf, aufzuwachen. Wenn ihr einmal aufgewacht seid und eure Träume vorbei sind, ist das eine andere Sache. Das Verhalten verändert sich entsprechend der unterschiedlichen Bewusstseinsebenen. Wenn Kinder größer werden, hören sie automatisch auf, mit Puppen zu spielen. Sie bemühen sich nicht darum, es aufzugeben, es hört von selbst auf.

Es lebte einmal ein Sadhu am Rande eines Dorfes. Er lebte dort allein in einer Hütte ohne Türen. Im Haus gab es nichts, was eine Tür nötig gemacht hätte. Eines Tages kamen ein paar Soldaten vorbei. Sie gingen in die Hütte und baten um Wasser. Einer von ihnen fragte den Sadhu, warum er, da er doch ein heiliger Mann sei, kein einziges Bild Gottes in der Hütte habe. Der Sadhu antwortete: „Die Hütte ist sehr klein. Seht ihr da Platz für zwei?"

Die Soldaten waren erheitert über die Worte des heiliger Mannes, und am nächsten Tag brachten sie ihm eine Gottesstatue als Geschenk mit. Der Sadhu aber sagte: „Ich brauche kein Bildnis von Gott, denn er selbst lebt hier seit langem und ich bin verschwunden. Seht ihr nicht, dass da kein Platz ist für zwei?" Die Soldaten sahen, wie er auf sein Herz deutete – das war seine Hütte.

Gott ist formlos. Energie kann nur formlos sein; sie hat keine Gestalt. Bewusstsein kann ebenfalls keine Gestalt haben. Es ist grenzenlos. Es hat weder Anfang noch Ende, denn das, was einfach nur ist, hat weder Anfang noch Ende. Wie dumm wir doch sind, wenn wir uns

Idole schaffen. Wir beten Götterbilder an, die wir selbst geschaffen haben. Der Mensch hat ein Bild Gottes hergestellt, das auf seiner eigenen Gestalt beruht, und auf diese Art betet er sich schließlich selbst an. Das ist der Gipfel des Selbstbetrugs, des Egoismus und der Unwissenheit.

Gott soll man nicht anbeten. Gott muss man leben. Ihr müsst das Göttliche in euren Alltag einbauen, nicht im Tempel. Ihr müsst jede erdenkliche Anstrengung unternehmen, um Göttlichkeit in euer Herz kommen und in jedem eurer Atemzüge sein zu lassen. Dafür ist das Verschwinden des „Ichs" unerlässlich. Solange dieses „Ich" den Platz in eurem Herzen einnimmt, bestimmt es jeden Augenblick eures Lebens. Und solange das „Ich" in euch ist, kann Gott unmöglich eintreten. Hat nicht Kabir in einem seiner Lieder gesagt, dass die Straße der Liebe sehr schmal sei und es von daher unmöglich sei, dass zwei nebeneinander auf ihr gingen.

Eines Nachts las ich bis spät im Licht einer Lampe. Als ich die Lampe ausgemacht hatte, war ich erstaunt. Draußen schien der Vollmond, aber das Licht meiner winzigen Lampe hatte es dem Mondlicht verwehrt, in mein Zimmer einzudringen. Sobald meine Lampe aber gelöscht war, erfüllte der Nektar des Mondes meinen Raum. An diesem Tag erkannte ich, dass das Licht Gottes draußen warten muss, solange das Licht des „Ichs" in mir scheint.

Das Auslöschen des „Ichs", *Nirvana* des „Ichs", sind alles Ausdrücke für das Kommen des göttlichen Lichts, Gottes Erscheinen. Macht euch kein Bild von Gott, zerstört vielmehr das Bild des „Ichs". Allein sein Verschwinden ermöglicht das Erscheinen Gottes.

10. Kapitel

Eine Zone der Stille

WIE LEICHT ES IST, DIE WAHRHEIT ZU ERKENNEN! ABER WAS leicht und einfach erscheint, erweist sich immer als schwierig. Das ist so, weil alles, was leicht und einfach ist, aus genau diesem Grund schnell vergessen wird. Wir beschäftigen uns ständig mit Dingen, die weit entfernt sind, und verlieren die Dinge aus den Augen, die nahe liegen. Wir beschäftigen uns mit dem anderen und vergessen das, was unser Selbst ist.

Geschieht es nicht oft so im Theater, wo sich die Zuschauer so sehr im Stück verlieren, das sich vor ihren Augen abspielt, dass sie sich selbst vergessen? Das Gleiche passiert auch im Leben. Das Leben ist ebenfalls eine riesige Bühne, und wir sind so gefangen genommen von dem, was sich auf der Bühne abspielt, dass wir das Publikum, den Zuschauer, das Selbst ganz vergessen haben. Um zur Wahrheit zu gelangen, um zu sich selbst zu gelangen, müsst ihr nur eines tun: Ihr müsst aufwachen und erkennen, dass ihr im Theater seid – nichts anderes.

Ich sehe, wie ihr ständig von einer Art Unruhe erfasst seid, die sich in eurem Verhalten ausdrückt, ob ihr nun sitzt, steht, geht oder schlaft. Sie ist in allem, was ihr tut, ob groß oder klein. Spürt ihr es auch? Habt ihr nie bemerkt, dass ihr alles und jedes mit einem ruhelosen Verstand tut?

Ihr müsst diesem Schwall von Rastlosigkeit Einhalt gebieten und eine Zone der Stille schaffen. Nur vor dem Hintergrund der Stille könnt ihr die Freude und die Musik erfahren, die immer in euch vorhanden ist, die ihr aber wegen des Aufruhrs und Durcheinanders in euch nicht hören und leben könnt. Meine Freunde, das äußere Durcheinander stört überhaupt nicht. Sobald ihr im Inneren zufrieden seid, ist es, als wäre das äußere Durcheinander gar nicht vorhanden. Wir sind aber innerlich ruhelos. Und darin besteht die einzige Schwierigkeit.

Jemand fragte mich heute morgen: „Was sollen wir machen, um inneren Frieden zu finden?" Ich sagte: „Seht euch die Blumen an. Seht, wie sie sich öffnen. Seht euch die Flüsse an. Seht, wie sie fließen." Seht ihr in ihnen irgendeine Ruhelosigkeit? Wie friedlich sich doch alles abspielt! Nirgendwo gibt es Ruhelosigkeit außer im Menschen.

Auch ihr könnt so leben. Lebt so und erfahrt euch als Teil der Natur. Der Glaube, dass das „Ich" getrennt sei, hat all diese Ruhelosigkeit und Spannung geschaffen. Befreit euch ganz vom „Ich", bevor ihr etwas tut, bevor ihr etwas unternehmt. Dann werdet ihr merken, wie sich ein göttlicher Friede in euch ausbreitet. Wenn der Wind weht, seid wie der Wind; und wenn der Regen fällt, fühlt, wie ihr auch der Regen seid, und seht dann, wie tief der Friede nach und nach wird. Mit dem Himmel seid der Himmel, mit der Dunkelheit seid Dunkelheit und mit dem Licht seid Licht. Steht nicht abseits.

Lasst den Tropfen, der ihr seid, in den Ozean fallen. Und dann werdet ihr erkennen, was Schönheit, was Musik, was Wahrheit ist.

Wenn ich gehe, muss ich mir bewusst sein, dass ich gehe; wenn ich aufstehe, muss ich mir bewusst sein, dass ich aufstehe. Keine Bewegung des Körpers oder des Verstands sollte sich im Unbewussten, im Halbschlaf abspielen. Wenn ihr auf diese Weise erwacht und euer Leben mit Bewusstheit lebt, wird euer Verstand rein, fehlerlos, transparent.

Durch solch ein bewusstes Leben und Verhalten durchdringt Meditation jede Tätigkeit unseres Lebens. Ihr innerer Fluss begleitet uns Tag und Nacht. Er beruhigt uns. Er reinigt unser Tun und macht es automatisch tugendhaft. Denkt daran, dass jemand, der wach und bewusst ist in all seinen körperlichen und geistigen Handlungen, anderen nichts Unrechtes antun kann. Böse Taten können nur unbewusst vollbracht werden. In einem wachen und bewussten Zustand fallen sie ganz einfach von uns ab.

Ich nenne *Samadhi*, Erleuchtung, den Höhepunkt der Meditation, den „großen Tod"; und tatsächlich ist es genau das. Durch den gewöhnlichen Tod sterbt ihr – ihr werdet aber wiedergeboren, denn durch diesen Tod hört euer Selbst nicht auf zu sein. Das Selbst wird wiedergeboren werden und durch einen weiteren Tod gehen. Der gewöhnliche Tod ist kein wirklicher Tod, denn ihm folgt eine Wiedergeburt und dieser wiederum ein Tod. Dieser Kreislauf geht immer weiter und weiter, bis das *Samadhi*, bis der große Tod kommt und uns von diesem endlosen Kreislauf von Geburt und Tod befreit.

Samadhi ist der große Tod, denn im *Samadhi* hört das „Ich" zu existieren auf, und dabei hört auch der Kreislauf von Geburt und Tod auf zu existieren. Was dann noch übrig bleibt, ist Leben. Durch den großen Tod des *Samadhi* erlangt man das unsterbliche Leben, wo weder Geburt noch Tod existieren. Die Unsterblichkeit kennt weder Anfang noch Ende. Sie ist dieser große Tod, den wir *Moksha* – Befreiung, *Nirvana*, *Brahma* nennen.

Ich möchte, dass ihr die Meditation als Ruhe und nicht als Arbeit oder eine Aktivität betrachtet. „Nicht-Tun" ist genau das. Es ist die perfekte Ruhe, ein völliges Einstellen aller Tätigkeiten. Und wenn alle Tätigkeiten auf ein Nichts reduziert worden sind und sich die Pulsschläge des Verstands beruhigt haben, beginnt in diesem Ruhezustand etwas zu erwachen, was alle Religionen der Welt zusammen nicht lehren können. Nur wenn kein Tun mehr da ist, lässt sich das, was Nicht-Tun ist, das, was das Zentrum und das Leben allen Tuns ausmacht, erkennen. Nur so kann man den Handelnden sehen.

Sarahapada hat gesagt: „Oh, Verstand, geh und leg dich zur Ruh – irgendwo, wo Sonne und Mond nicht hinreichen und wo die Luft nicht einzutreten wagt." Einen solchen Ort gibt es in euch, und niemand außer euch selbst kann dorthin gelangen. Es ist euer *Atman*, eure Seele.

Euer Körper dehnt sich bis zu einem Punkt aus, wo andere Zugang haben. Die Grenze, wo die Welt in dich eintreten kann, ist die Grenze deines Körpers. Die Welt kann in ihn eintreten, weil er Teil der Welt ist. Die Sinne sind die Türen, durch die die Welt eintritt. Der Verstand ist ein Mischmasch von Eindrücken, die auf diese Art in

128

euch eingedrungen sind. Was jenseits des Körpers, jenseits des Verstandes und der Sinne liegt, ist die Seele. Solange man nicht zur Seele gelangt, ist das Leben sinnlos, denn solange man sie nicht kennt und erlangt, bleiben alles Wissen und alle Errungenschaften wertlos.

Ich betrachte *Samsara* und *Nirvana*, die Welt und die Befreiung, nicht als zwei unterschiedliche Dinge. Der Unterschied zwischen ihnen hat nichts mit ihrer Natur zu tun. Es ist kein objektiver Unterschied. Der Unterschied besteht nicht zwischen ihnen, er besteht in der Art, wie ihr sie betrachtet. *Samsara* und *Nirvana* sind nicht zwei verschiedene Entitäten, sondern vielmehr die zwei Möglichkeiten, die Realität zu betrachten.

Die Realität ist eins, die Art jedoch, wie man sie betrachtet, sind zwei. Aus dem Blickwinkel der Erkenntnis erscheint sie als eins; aus dem Blickwinkel der Unwissenheit, erscheint sie als anderes. Was der Unwissenheit als *Samsara* erscheint, wird in der Erkenntnis zu *Nirvana*. Was der Welt die Unwissenheit ist, ist dem Göttlichen das Erkennen. Die Frage ist deshalb, wie man die innere Welt verändern kann, nicht die äußere. Wenn ihr euch verändert, verändert sich alles andere. Ihr seid beides, *Samsara* und *Nirvana*. Die Wahrheit ist für keinen Preis erhältlich. Man kann sie nicht im Austausch von anderen erhalten. Sie ist die Frucht der Selbstentwicklung.

Kaiser Bimbasara ging einst zu Mahavir und sagte: „Ich möchte die Wahrheit erlangen. Ich bin bereit, alles zu geben, was ich besitze, aber ich muss wissen, wie der Mensch von seinen Sorgen befreit wird."

Mahavira sah, dass der Herrscher die Wahrheit auf die gleiche Weise erobern wollte, wie er die Welt erobert

hatte, dass er die Wahrheit sogar kaufen wollte. Als Mahavira also sah, dass es nur das Ego war, das hier sprach,
sagte er zu Bimbasara: „Exzellenz, geht erst zu Punya
Shravak, einem Bürger eures Reichs, und nehmt von ihm
die Frucht seiner Meditation in Empfang. Sie wird euch
die Reise zur Befreiung und Wahrheit erleichtern."

Bimbasara ging zu Punya Shravak und sagte: „Ich bin
mit einer Bitte gekommen. Ich möchte die Frucht deiner
Meditation kaufen. Ich zahle jeden Preis, den du dafür
verlangst."

Als Punya Shravak des Kaisers Bitte hörte, antwortete
er: „Mein Herr, Meditation bedeutet Gelassenheit. Es bedeutet, den Verstand von der Versuchung der Anziehung
und Ablehnung frei zu halten und gefestigt in sich zu
ruhen. Wie könnte man dies jemand anderem geben? Du
möchtest es kaufen, das ist unmöglich. Du musst es
selbst erlangen."

Es gibt keinen anderen Weg. Man kann die Wahrheit
nicht kaufen. Man kann sie weder als Geschenk noch
durch Betteln erhalten. Und sie kann auch nicht durch
einen Angriff erobert werden. Die Wahrheit anzugreifen
ist nicht der Weg, sie zu erfahren. Angriff ist ein Ausdruck des Egos, und wo das Ego ist, kann die Wahrheit
nicht sein. Um zur Wahrheit zu gelangen, müsst ihr ein
Nichts werden. Die Wahrheit kommt durch die Tür des
Nichts, der Leere. Sie kommt nicht durch den Angriff des
Ego, sondern durch die Empfindsamkeit und die Emp-
fänglichkeit der Leere.

Greift die Wahrheit nicht an – bereitet euch vor, öffnet
euch, damit sie eintreten kann.

Hui-neng sagte, es gebe einen Weg, die Wahrheit zu erlangen: Bemühen durch Nicht-Bemühen. Nicht-Bemühen wird zur Bedingung, um Kraftaufwendungen beim Bemühen zu vermeiden.

Das ist Nicht-Tun, das ist Nicht-Bemühen. Es ist kein Erringen, sondern ein Verlieren. Aber das ist der Weg, wie man zur Wahrheit gelangt. In dem Maß, wie ihr euch leert, könnt ihr sie erlangen.

Wohin fließt das Regenwasser? Es bleibt nicht auf den gesättigten Bergwiesen stehen, sondern rinnt in die leeren Gruben. Die Natur der Wahrheit ist ähnlich wie die Natur des Wassers. Falls ihr zur Wahrheit gelangen wollt, müsst ihr vollständig leer werden. Sobald ihr leer seid, wird die Wahrheit diesen leeren Raum füllen.

11. Kapitel

Die Disziplin des Zeugeseins

WELCHE FREUDE, EUCH ALLE ZU SEHEN! ICH SPÜRE EURE tiefe Sehnsucht, euren Durst nach der Wahrheit. Ich sehe ihn in euren Augen und fühle ihn in jedem eurer Atemzüge. Und während eure Herzen sich dafür begeistern, die Wahrheit zu erlangen, spürt auch mein Herz diese Begeisterung! Euer Durst nach Wahrheit berührt mich zutiefst. Was für eine Freude! Wie schön, das zu sehen! Nichts ist süßer und schöner auf der Erde als das Verlangen nach der Wahrheit.

Was soll ich euch in solch einem Augenblick der Glückseligkeit sagen? Was soll ich euch in solch einem Moment eurer Suche, eures Wartens sagen?

Nur in solchen Augenblicken werden wir uns klar, wie unbedeutend und oberflächlich Worte doch sind – wie bedeutungslos und kraftlos sie in Wirklichkeit sind. Wenn man nichts Wichtiges zu sagen hat, können sie das vermitteln; wenn es aber etwas Tiefgründiges mitzuteilen gilt, versagen sie kläglich.

Das liegt in der Natur der Dinge, denn die Erkenntnis der Wahrheit, die Erfahrung der Glückseligkeit und die Vision der Schönheit sind so subtil und ätherisch, dass man ihnen keine irdische Form zuschreiben könnte. Und sobald man diesen Erfahrungen eine Form zu geben versucht, werden sie tot und bedeutungslos, und so kommt die lebendige Erfahrung nicht lebend in eure Hände, sondern als leere Hülle. Der Geist bleibt zurück, und das, worauf die Worte hindeuten, ist nicht mehr wahr.

Was also soll ich sagen? Wäre es besser gewesen, nichts gesagt zu haben, und für euch, nichts gehört zu haben? Wie schön wäre es doch gewesen, wenn wir ruhig und still, wortlos und stumm geblieben wären und wenn ihr in dieser Stille hättet erwachen und etwas sehen können, etwas, was wirklich ist. In diesem Fall hätte ich mir das Reden und euch das Zuhören ersparen können, und die Wahrheit wäre doch vermittelt worden, denn die ewige Wahrheit ist in uns allen. Die Musik, die ihr sucht, erklingt jeden Augenblick in den Tiefen eures Wesens, und die Momente, in denen ihr nach der Wahrheit sucht, selbst wenn sie still sind, werden zum Gebet. Sowohl das Dürsten nach Gott als auch das stille Warten sind Gebete.

Was der Mensch sucht, liegt in ihm selbst. Das, wozu ihr euch hier versammelt habt, was ihr mich fragen und von mir wissen wollt, ist immer in euch. Ihr habt es nie verloren. Ihr könnt es auch nie verlieren. Es ist eure Existenz, euer Wesen. Es ist der eine Schatz, den man nie verlieren kann, denn ihr selbst seid dieser Schatz. Wir suchen aber nach ihm, suchen nach genau dem, was man nicht verlieren kann. Welch ein Widerspruch!

Ich erinnere mich an eine sehr schöne Predigt, weiß aber nicht mehr, wann oder von wem sie gehalten wurde: Eines Abends sollte eine sehr große Versammlung in einem Tempel stattfinden, und so hatte sich eine große Zahl von Mönchen angesammelt. Nach langem

Warten traf der Redner ein. Als er aufstand, um zu sprechen, stellte jemand in der Menge die Frage: „Was ist Wahrheit?"

Eine aufmerksame und erwartungsvolle Stille erfüllte den Raum. Man wusste, dass der Redner die Antwort kannte, und so galt jedes seiner Worte als bedeutungsvoll. Wisst ihr, was er sagte?

Er sagte, und zwar sehr laut: „Oh Mönche!"

Die Stille hallte von diesen zwei Worten wider, und alle Augen waren auf ihn gerichtet. Alle waren still, aufmerksam. Der Redner sagte aber nichts mehr. Seine Rede war vorbei; die Predigt war zu Ende.

Versteht ihr, was er sagte? Sagte er überhaupt etwas? Meiner Ansicht nach hatte er alles gesagt. Was immer sich zu sagen lohnte, war mit seinen zwei Worten gesagt. Ich möchte das Gleiche sagen. Ich werde das Gleiche sagen. Es ist das Einzige, was verdient, gesagt zu werden; jenes Etwas, das Worte nicht vermitteln können.

Was sagte er denn? Er sagte: „Sucht nach der Wahrheit nicht irgendwo außerhalb. Fragt niemanden danach. Falls sie überhaupt existiert, existiert sie in euch. Sonst existiert sie gar nicht." Als er über die Wahrheit befragt wurde, sagte er also absolut nichts über sie. Er rief einfach nur die Versammelten an. Er rief ihnen zu, wie ihr jemanden aus dem Schlaf aufweckt. Das ist die einzige Antwort auf die Frage nach der Wahrheit.

Aufwachen heißt die Wahrheit zu erkennen. Einen anderen Weg gibt es nicht. Ihr schlaft, und so könnt ihr nicht sehen, was neben euch steht, ihr könnt nicht sehen, was ihr wirklich seid. Und in euren Träumen wandert ihr auf der Suche danach weit in die Ferne, auf der Suche nach etwas, was bereits in euch, im Suchenden selbst vorhanden ist. Ihr seid wie Moschusochsen auf der Suche nach Moschus.

Aber wie sehr ihr euch auch bemüht, zu finden, was in euch lebt, ihr werdet es nicht finden können. Durch Suchen kann man es nicht erkennen. Äußere Dinge kann man finden, indem man sie sucht; sein eigenes Selbst aber kann man mit dieser Art von Suche nicht finden. Die Wahrheit findet man nicht, indem man sucht, man findet sie, indem man aufwacht. Das ist der Grund, warum der Redner die Versammlung aufrief und nicht weitersprach. Und aus demselben Grund haben euch auch Mahavira, Buddha, Krishna und Christus aufgerufen. Dies ist keine Rede, es ist ein Aufruf. Dies ist keine Predigt, sondern eine Ansprache, ein Ruf.

Auch ich habe nicht vor, zu sprechen, ich habe vor, euch aufzurufen. Werdet ihr mich hören? Werdet ihr mir erlauben, euren Schlaf zu stören und eure Träume zu zertrümmern? Es mag sehr wohl sein, dass eure Träume süß und angenehm sind; es sind aber gerade die süßen und angenehmen Träume, die schädlich sind, denn sie lassen euch nicht aufwachen, sondern intensivieren den Rausch des Schlafes.

Ich wünsche mir, dass ihr Zeuge der Freude seid, die ich infolge meines Erwachens erlebe. Und darum habe ich beschlossen, euch zusammenzurufen.

Ich habe nicht vor nur zu euch zu sprechen, ich will euch aufrufen. Verzeiht mir, wenn mein Aufruf euren Schlaf stört und die Nebel eurer Träume zerreißt. Ich bin ratlos. Ohne eure Träume zu zertrümmern, kann nichts über die Wahrheit gesagt werden. Wir sind in einen

Schlaf gehüllt, und solange dieser Schlaf anhält, sind all unsere Unternehmungen sinnlos. Solange ihr schlaft, ist alles, was ihr wisst, bloß ein Traum.

Zuerst müsst ihr aus diesem Schlaf erwachen. Alles Übrige wird folgen. Vorher lässt sich nichts machen. Messt den Gedanken oder Taten in diesem Schlaf keine Bedeutung bei. Nehmt sie einfach als ein Traumgeschehen. Solange euch euer eigenes Selbst nicht bekannt ist, ist es unmöglich, etwas zu tun, das im wahren Sinne des Wortes richtig wäre. Euer Wissen, euer Verhalten, alles wird falsch sein. Euer Glauben, eure Überzeugungen werden alle blind sein. Egal, welchem Pfad ihr folgt, er wird euch nicht zur Wahrheit führen. Zur Zeit kommt es noch gar nicht in Frage, einen Pfad zu begehen. Geht ihr etwa im Schlaf einen Pfad entlang? Ihr träumt nur, dass ihr geht.

Die Unkenntnis des Selbst ist der Schlaf, über den ich zu euch spreche. Es ist notwendig, aus ihm zu erwachen. Um aufzuwachen, ist es zudem notwendig, die Faktoren zu verstehen, die zwischen euch, so wie ihr jetzt seid, und eurem Erwachen liegen. Bevor ihr wisst, was Religiosität ist, solltet ihr erst wissen, was Religiosität nicht ist, und auch verstehen, woran ihr euch da eigentlich festklammert. Anstatt euch zu erwecken, wirkt diese Religiosität wahrscheinlich eher wie eine Schlaftablette.

Karl Marx nannte die Religion ein Opiat, eine Droge, die Opium enthält, um euch einzuschläfern. Religion ist mit Sicherheit kein Opiat, was aber normalerweise dafür gehalten wird, ist eines. Marx hatte unrecht, die Religion als Opiat zu brandmarken, aber ihr habt ebenfalls unrecht. Ihr habt ein Opiat fälschlicherweise für Religion gehalten. Es ist darum wichtig zu wissen, was Religion ist und was ein Opiat ist.

Betrachten wir erst, was Religion nicht ist, dann werden wir erfahren, was Religion ist. Über die Irreligiosität nachzudenken reicht aus, um zu sehen, was Religion nicht ist; für die Religion aber genügt das Denken nicht. Um zur Religiosität zu gelangen, müsst ihr durch eine *Sadhana* gehen. Zuallererst möchte ich eines erwähnen. Falls ihr wirklich ein gewisses Niveau in der Religiosität oder im religiösen Leben erreichen möchtet, müsst ihr anfangen, keinen Glauben und keine Vorstellungen als gegeben zu akzeptieren. Falls ihr die Wahrheit erkennen möchtet, dürft ihr euch an keine vorgefassten Meinungen darüber klammern.

Ihr müsst der Wahrheit in vollkommener Ruhe und Leere begegnen, ohne jedes Dogma. Vorgefasste Meinungen und Vorurteile trüben und verzerren euren Blick. Was ihr so wisst, ist nicht die Wahrheit, sondern eine Projektion eures eigenen Denkens. So eröffnet sich euch die Wahrheit nicht. Im Gegenteil, ihr drängt euch der Wahrheit auf. Habt keine Theorie oder bestimmte Ansicht über die Wahrheit.

Benutzt euer eigenes Urteilsvermögen. Nur so werdet ihr wissen, was wahr ist. Sonst kommt ihr nie aus dem Netz des Verstandes heraus. Was ihr wisst, wird dann nicht Erkenntnis sein, sondern Einbildung. Die menschliche Einbildungskraft ist unbegrenzt, und diese Einbildung ist die Mauer zwischen euch und der Wahrheit.

Falls ihr euch von vornherein über Gott, die Wahrheit und die Seele festlegt, wird euer Verstand an dieser Entscheidung festhalten und euch glauben machen, ihr hättet wirklich etwas erkannt. In Wirklichkeit habt ihr aber nichts erkannt und bewegt euch im Bereich der Einbildung.

Das ist keine Vision der Wahrheit, sondern nur ein Traum. Ihr wisst sehr gut, dass euer Verstand eine unendliche Fähigkeit zum Träumen besitzt. Unsere Wünsche zeigen uns Dinge, die überhaupt nicht existieren. Sie schaffen Trugbilder, und so wird das, was wirklich ist, verdeckt, und was nicht ist, kommt zum Vorschein. Ihr werdet nun sagen, man träume doch nur im Schlaf. Sicher träumt man im Schlaf, aber den Schlaf kann man auch herbeiführen, und in einem gewissen Sinne könnt ihr auch schlafen, während ihr wach seid. Habt ihr etwa keine Tagträume?

Wenn man also ständig eine spezielle Vorstellung von Gott hat und sich wach oder schlafend mit diesem Bild füllt, kann man dieses Bild höchstwahrscheinlich projizieren und es direkt vor sich sehen. Es handelt sich um einen verstärkten Tagtraum. Eigentlich ist nichts vor den Augen, was aber hinter den Augen gehegt und gepflegt wurde, erscheint jetzt vor ihnen. Das ist eine Projektion; so sieht man Träume.

Und auch Visionen der Wahrheit, die auf vorgefassten Ideen beruhen, werden möglich – auf genau die gleiche Art und Weise. Ein Verehrer von Christus hat eine Vision von Christus, ein Anhänger von Krishna sieht Krishna, und jemand anderes Jünger sieht jemand anderes. In keiner Weise handelt es sich dabei um eine Vision oder Erkenntnis Gottes oder der Wahrheit. Es ist eine Projektion der eigenen Einbildung, denn es kann nicht zwei Wahrheiten, zwei Gottheiten geben. Wahrheit ist eins und die Erkenntnis ist eins, und jemand, der die Wahrheit kennen möchte, muss seine zahllosen Konzepte und Vorstellungen aufgeben.

Ich sage nicht, ihr sollt eure Konzepte zugunsten eines anderen Konzepts aufgeben; ich bitte euch, alle Konzepte aufzugeben. Denn diese Konzepte haben Glaubensbekenntnisse und Dogmen hervorgebracht, und darum existieren auch unzählige Glaubensrichtungen, während es keine Religion gibt.

Um die Wahrheit zu kennen, muss man alle Theorien darüber fallenlassen. Nur jene, die sich in einem Zustand jenseits aller Vorurteile und Voreingenommenheit befinden, in einem Zustand völliger Unschuld und Unabhängigkeit, können sie erkennen. Wo weder Konzept noch Idee noch Erwartung sind, nur dort allein kann man die Wahrheit erkennen. Eigentlich geht das Bemühen die Wahrheit zu erkennen, nicht darum, sie zu erkennen, sondern darum, aus dem Zustand des Träumens herauszukommen.

Was ist die Erkenntnis der Wahrheit? Einfach frei zu sein von Halluzinationen. Diese Freiheit ist die Erkenntnis der Wahrheit. Weil wir uns in Träumen verloren haben, ist das, was immer da ist, scheinbar nicht vorhanden, obwohl es ständig gegenwärtig ist. Wahrheit *ist*, weil sie immer existiert. Man braucht sie nicht von irgendwo herzuschaffen. Sie ist immer da. Nur wir nicht. Wir sind verloren in der Wildnis unserer Träume. Nein, wir brauchen nicht die Wahrheit zu uns zu führen, wir müssen uns zur Wahrheit führen.

Es ist möglich, aber nicht, indem wir Träume und Visionen von Gott sehen, sondern indem wir uns aller

Träume und Visionen entledigen – und aufwachen. Deswegen sage ich: Die Wahrheit braucht keine Imagination, sondern Verwirklichung. Die Verwirklichung des Geistes frei von allen Einbildungen ist seine Verwirklichung in einem Zustand der Wahrheit hineien.

Wir sehen die Welt, wenn der Geist gespalten ist, wenn er sich in einem Zustand der Dualität befindet. Wir sehen die Wahrheit, wenn der Geist eine ungespaltene Ganzheit, eine Einheit ist. Alle Konzepte und jeder Glauben sind nur Mutmaßungen und deshalb kein Tor zur Wahrheit. Sie sind nur Hindernisse und führen nirgendwohin. Im Gegenteil, sie blockieren euren Pfad. Der Pfad zur Wahrheit führt nicht durch sie hindurch, sondern liegt jenseits von ihnen. Bitte nehmt keine Ideen oder Konzepte an und formt euch keine Überzeugungen und keinen Glauben über die Wahrheit, denn der Glauben, den ihr formt, wird zu einer Erfahrung. Und diese Erfahrung ist nicht echt, sondern nur mental, imaginär. Solche Erfahrungen sind nicht spirituell.

Jeder Glauben über die Wahrheit, der in Unwissenheit entsteht, ist falsch. Denkt nicht darüber nach, was Wahrheit ist und wie sie aussieht. All diese Gedanken sind blind, als ob ein Blinder versucht, sich das Licht vorzustellen. Armer Kerl! Wie kann er sich vorstellen, was Licht ist! Ohne Augenlicht kann er sich keine Vorstellung über das Licht machen. Was immer er auch denken mag, ist grundsätzlich falsch. Er kann sich nicht einmal die Dunkelheit richtig vorstellen, geschweige denn das Licht. Auch um die Dunkelheit zu sehen, braucht man Augen. Was kann aber jemand ohne Augenlicht machen?

Ich würde ihm raten: „Denk nicht über das Licht nach.

Lass deine Augen behandeln." Es ist nicht das Nachdenken, sondern die Behandlung, die helfen kann. Was sehe ich aber? Ich sehe, wie man ihm Predigten hält, ich sehe, wie man ihm die Philosophie des Lichtes erklärt. Aber keiner kümmert sich um die Behandlung seiner Augen.

Und noch überraschender ist, dass jene, die über das Thema Licht predigen, das Licht selbst noch nie gesehen haben! Sie wissen nur etwas über das Licht, gesehen haben sie es aber nicht. Denn wenn sie das Licht gesehen hätten, hätten sie auch die Sinnlosigkeit aller Predigten erkannt und hätten ihre Anteilnahme und Sympathie auf die Heilung der Blindheit konzentriert. Wenn das Augenlicht geheilt ist, sieht man automatisch auch das Licht. Was es zum Sehen braucht, ist immer vorhanden. Wenn man sehen kann, ist auch das Licht da.

„Sehvermögen" und „Licht" sind Worte, die in völlig verschiedene Richtungen führen können. Über das Licht nachzudenken führt zur Philosophie. Dies ist bloß die Richtung des Denkens. Sie führt nicht zur Erfahrung; es bleibt beim Denken. Man geht weit, gelangt aber nie zu einem Bestimmungsort.

Es gibt viele Schlussfolgerungen, aber keine, die unsere Probleme lösen könnte. Das ist nur natürlich. Auch der perfekteste Gedanke über das Wasser kann unseren Durst nicht im Geringsten löschen. Den Durst löscht man ganz anders. Der Weg liegt nicht im Denken, sondern in der Behandlung des Sehvermögens.

Ich habe gesagt, über das Licht nachzudenken sei Philosophie, und jetzt möchte ich sagen, dass Sehen mit eigenen Augen Religion ist. Ihr könnt durch das Denken zu intellektuellen Schlussfolgerungen gelangen; durch

Meditation macht ihr spirituelle Erfahrungen. Ersteres ist wie das Nachdenken über das Wasser, letzteres wie das Löschen des Durstes. Das eine ist ein Problem, das andere eine Lösung.

Ich frage jeden: „Möchtest du das Licht selbst kennen oder etwas über das Licht erfahren?" Und ihr – möchtet ihr die Wahrheit erfahren, oder möchtet ihr etwas über die Wahrheit wissen? Wollt ihr etwas über das Wasser wissen, oder wollt ihr euren Durst löschen?

Eure Antwort auf diese Fragen wird entscheiden, ob euch nach Erkenntnis dürstet oder ob ihr nur Informationen sammeln wollt. Und vergesst nicht, dass es sich dabei um entgegengesetzte Richtungen handelt. Die eine führt zur letztlichen Auflösung des Ego, die andere treibt es auf die Spitze. Das eine macht euch unschuldig, während euch das andere komplex werden lässt.

Erkenntnis zerstört das Ego, wogegen Information es nur noch mehr aufpumpt und aufbläst. Alles Ansammeln, alles Erwerben füllt das Ego, und aus diesem Grund trachtet das Ego immer nach mehr. Auch Gedanken sind Erwerbungen, wenn sie auch noch so subtil sind. Auch Gedanken nähren das Ego. Die Heuchelei, die man unter den Gelehrten findet, ist weder spontan noch zufällig, sie ist das natürliche Resultat des Denkens.

Gedanken sind übernommen. Sie drängen von der Außenwelt herein, sie werden nicht im Inneren geboren. Sie kommen nicht von der Seele, sondern sind ihre Mauern. Von außen kann man einem Blinden Informationen über das Licht geben, die Wahrnehmung des Lichtes muss aber in seinem Inneren erzeugt werden. Das eine ist Übernahme, das andere ist Energie.

Und genau darin liegt der Unterschied. Der Unterschied zwischen Erwerb und Energie ist jener zwischen Information und Erkenntnis. Erwerb kommt von außen, Energie von innen. Der Erwerb schafft jedoch die Illusion von Energie. Diese Illusion ist recht stark und nährt das Ego. Egoismus ist keine Energie, er ist eine Illusion von Energie. Eigentlich ist er sogar Nicht-Energie, denn bereits ein kleiner Funke Wahrheit kann ihn zerstören, kann ihn auflösen. Aus diesem Grund ist unsere wahre Energie absolut frei von Egoismus.

Ich hoffe, ihr konntet diesen Unterschied zwischen Lernen und Weisheit verstehen. Ihr müsst ihn unbedingt verstehen. Falsches Wissen stellt ein viel größeres Hindernis auf dem Pfad der Selbsterkenntnis dar als Unwissenheit. Falsches Wissen ist der Eindruck „Ich weiß", während ihr in Wirklichkeit gar nichts wisst. Ein solcher falscher Eindruck kann leicht aus dem Erwerb von Gedanken anderer entstehen, vom Lernen, von der Bildung. Dieser falsche Eindruck entsteht auch aus der Kenntnis der Schriften, aus der Kenntnis von Worten. Und diese Kenntnis von Worten verleitet die Leute zur Annahme, sie seien im Besitz der Wahrheit.

Worte werden Teil der Erinnerung. Sie bilden Fragen, und jede Frage trägt eine automatische Antwort in sich. Man verliert sein Urteilsvermögen und wird dominiert von geborgten Ideen. Und ehe man eine Antwort aus dem Inneren findet, produziert die dicke Schicht von ausgeliehenen Worten und Ideen bereits eine fertige Antwort. So können wir aber das Problem nicht lösen, wir werden um die Lösung betrogen. Wenn es mein Problem ist, wird auch nur meine eigene Lösung benötigt. Keine geborgte Lösung oder eine aus zweiter Hand kann da helfen.

Man kann weder das Leben noch die Lösungen zu seinen Problemen ausleihen. Die Lösung eines Problems kommt nicht von außen. Sie liegt im Problem selbst begraben. Die Lösung ergibt sich aus dem Problem. Wenn das Problem im Inneren liegt, kann die Wahrheit nicht außen sein. Und man kann deshalb die Wahrheit auch nicht lernen. Man muss sie freilegen. Ihr müsst sie entdecken. Man kann die Wahrheit nicht durch Bildung, sondern nur durch Erkenntnis erfahren. Und darin liegt der fundamentale Unterschied zwischen jemandem, der die Schriften gelernt hat, und jemandem, der die Seele erkannt hat. Was diese Welt betrifft, genügt es, in den Schriften bewandert zu sein, nicht aber im geistigen Bereich. In dieser Sphäre ist das nämlich noch nicht einmal der Anfang.

Ihr könnt nur Informationen über etwas besitzen, was ihr selbst nicht seid: über die Welt, über die Welt der Materie. Über diese Dinge bedarf es keiner Erkenntnis. Was Teil des Äußeren ist, kann man auch nur von außen kennen. Ihr seid ihm vielleicht sehr nahe, aber es bleibt immer noch weit weg. Wie klein die Distanz zwischen uns auch sein mag, sie verschwindet nie. Sie wird immer da sein. Wir können uns darum nur mit Dingen vertraut machen, die nicht wir sind, wir können sie aber nie erkennen. Wir können über etwas Bescheid wissen, aber dieses Etwas selbst können wir nicht kennen.

Die völlige Eliminierung der Distanz ist die Vorbedingung aller Erkenntnis. Nur so könnt ihr in euer Wesen vordringen. Aber was entfernt ist, muss immer entfernt bleiben. Das Gegenteil ist nur der Fall, wenn in Wirklichkeit gar keine Entfernung besteht. Man kann die Distanz nur eliminieren, wenn sie illusorisch ist. Wenn sie real ist, lässt sie sich nicht eliminieren.

Es gibt bloß ein einziges Wesen, das nicht von mir entfernt ist. Es ist unmöglich, dass dieses Wesen von mir entfernt ist. Ich bin dieses Wesen. Ja, es ist mein eigenes Selbst. Nur über dieses Wesen ist wahre Erkenntnis möglich. Die Distanz zu diesem Wesen ist eine Illusion, denn wie könnte man von sich selbst entfernt sein? Ich allein bin das Zentrum meiner selbst, und hier ist meine innere Pforte, meine innere Wohnstatt, hier regiert Vollkommenheit. Nur hier ist Erkenntnis möglich.

Ich möchte euch noch auf etwas hinweisen: Wir können die Welt nicht kennen, wir können nur ihre Bekanntschaft machen und Informationen über sie sammeln. Deshalb gibt es keine Information über das Selbst, man kann es nur erkennen. Deswegen reicht es bei Objekten, bei materiellen Dingen, ein Experte in den Schriften zu sein; wenn es aber um das Selbst geht, klappt das nicht. Wissenschaft ist eine Schrift, Religion ist keine.

Wissenschaft ist Information über Materie, während Religiosität die Erkenntnis des Selbst ist. Wissenschaft ist eine Schrift; Religion ist eine spirituelle Disziplin. Ich halte keine Predigt. Das wäre absolut sinnlos. Es braucht keine Predigt, sondern eine Behandlung. Ich habe nicht vor, mich über irgendwelche Doktrinen über die Wahrheit auszulassen. Sie sind alle völlig nutzlos.

Wertvoll ist nur die Methode, durch die man die Wahrheit erkennen kann. Diese Methode dient als Behandlung für die Krankheit, und durch sie öffnen sich die Augen. Dann braucht ihr nicht mehr über das Licht nachzudenken, ihr seht es direkt. Solange euch das Sehvermögen fehlt, müsst ihr denken; wenn ihr aber einmal sehen könnt, hat das Denken keinen Platz mehr. In der Blindheit übernimmt das Denken die Arbeit der Augen, sobald das Sehvermögen wiederhergestellt ist, wird das Denken unnötig.

Aus meiner Sicht ist das Denken kein Zeichen des Erkennens, sondern der Unwissenheit. Erkennen ist ein Zustand von Gedankenlosigkeit. Es ist nicht Denken, es ist Einsicht. Und Einsicht ist nicht möglich durch irgendein Dogma über die Wahrheit. Dogmen reduzieren Dinge nur auf intellektuelle Abneigungen, und diese werden Teil der Erinnerung. Sie können niemals Teil des Wissens werden. Dogmen können gelehrt werden, sie können aber unsere wirkliche Persönlichkeit nicht verändern.

Wie Kleider bewirken sie eine Veränderung der äußeren Schicht, das innere Wesen aber bleibt, wie es war. Der Geist bleibt von ihnen unberührt, und der Schleier, die Bedeckung nimmt eine neue Form und eine neue Farbe an. Wenn ihr so seid, könnt ihr nicht von Weisheit erfüllt werden. Im Gegenteil, ihr werdet in die Gosse der Heuchelei fallen.Zwischen dem Wesen und dem Wissen eines Menschen liegt eine tiefe Kluft. Was er ist und was er weiß, ist etwas ganz anderes. Seine Persönlichkeit ist zweigeteilt. Es besteht ein Konflikt wie auch eine Dualität zwischen seinem inneren Wesen und seiner äußeren Schale.

Und das natürliche Resultat davon ist Heuchelei. Ein solcher Mensch fängt an, sich als jemand zu präsentieren, der gar nicht in ihm steckt, und beginnt den zu verstecken, der eigentlich da ist. Dieses Theater ist irreligiös. Es ruiniert nicht nur das Leben der anderen, sondern auch das eigene Leben. Es ist Selbstbetrug, wird aber als religiös betrachtet. Die intellektuellen Lehren von Dogmen, von Doktrinen können höchstens folgendes bewirken: Sie können die äußere Verpackung verändern. Für eine spirituelle Revolution bedarf es einer anderen Methode. Diese Methode besteht nicht aus Doktrinen, sondern aus dem Fortschreiten auf dem Pfad zur Selbsterkenntnis. Es ist nicht die Methode des Predigens, sondern jene der Betrachtung. Es ist nicht die Methode des Denkens über die Wahrheit, sondern jene des Öffnens der Augen für die Wahrheit.

Religion ist die Methode, wie man die Augen öffnet. Wenn eure Augen offen sind, wird das was ist einfach zu sehen sein. Doktrinen öffnen euch aber nicht die Augen – im Gegenteil. All jene, die von ihnen irregeführt sind, vergessen, dass ihre Augen geschlossen sind, und dass die Wahrheiten, die sie diskutieren, nicht mit eigenen Augen von ihnen gesehen wurden, sondern mit den Augen anderer. Die Wahrheit, die von anderen gesehen worden ist, ist wie eine Mahlzeit, die von jemand anderem gegessen wurde. Sie hat nicht den geringsten Wert für andere Menschen.

Die Erkenntnis der Wahrheit ist absolut privat und persönlich und auf keinen Fall übertragbar. Sie kann weder empfangen noch gegeben werden – sie muss erlangt werden. Sie kann weder gestohlen noch als Almosen angenommen werden. Sie ist kein Besitztum, sie ist das eigene Selbst. Wahrheit ist kein Besitztum, sie ist das eigene Selbst und ist deshalb nicht übertragbar. Bis jetzt hat noch niemand sie irgendjemandem gegeben. Auch in Zukunft wird niemand sie jemandem geben können, denn im Augenblick, wo man sie weitergibt, ist es nicht mehr die Wahrheit, sie wird zu einem Gegenstand. Einen Gegenstand kann man geben oder nehmen. Wahrheit muss man in sich selbst, durch sich selbst erlangen. Sie ist subjektiv. Eigentlich muss man sie gar nicht erlangen – man muss zu ihr werden. Sie ist euer eigenes Sein, eure eigentliche Existenz.

Woher kommt also die Frage nach dem Erlernen der Wahrheit? Sie muss entdeckt werden. Das Lernen deckt das Selbst nur mit Schichten zu. Alle äußeren Lehren decken die Wahrheit nur zu.

Alles, was von außen kommt, kann nur zudecken. Von außen her ist nur ein Zudecken möglich. Und die Hüllen der Gedanken bedecken das Selbst mehr und mehr. Reißt diese Hüllen herunter und seid nackt. Werft all diese Hüllen von euch. Um euch selbst zu kennen, müsst ihr verlernen, nicht lernen. Wenn alle die Gäste von außen gegangen sind, werdet ihr den einen kennen, der kein Gast ist, sondern der Gastgeber.

Wahrheit kann nicht gelehrt werden, nur die Methode der Erkenntnis kann es. Heute spricht niemand über die Methode. Obwohl man viel über Wahrheit redet, spricht man doch nicht über die Methode, wie man die Wahrheit erkennen kann. Einen größeren Fehler könnte es gar nicht geben. Es bedeutet, sich an den Körper zu klammern und das Leben zu verpassen. Ein Resultat davon sind die unzähligen Religionen, aber nicht *die* Religion.

Die zahllosen Sekten, die sich hinter dem Namen der Religion verstecken, haben nichts mit Religion gemein.

Es kann nur eine Religion geben. Sie kann nicht durch ein Adjektiv umschrieben werden. Sie ist ohne qualifizierende Bezeichnung. Religion heißt Religion – es gibt nicht so eine oder so eine. Wo es diese oder jene gibt, ist keine Religion.

Sekten sind aus den vielen Doktrinen und Theorien über die Wahrheit entstanden, und sie werden weiter existieren, solange die Leute nach Theorien und Doktrinen fragen. Doktrinen bestehen aus Worten, und um diese Worte herum bilden sich die Sekten. Worte werden zu Konfliktursachen, nähren Feindseligkeiten und kleinlichen Hass. Diese Worte trennen die Menschen voneinander. Wie sonderbar ist es doch, die Menschen glauben, dass dieselben Worte, die sie voneinander trennen, sie mit Gott vereinen werden! Was die Menschen voneinander trennt, kann sie bestimmt nicht mit Gott, mit der Wahrheit oder mit sich selbst vereinen.

Diese Aufsplitterung der Religion in Sekten lässt sich auf verschiedene Doktrinen zurückführen, auf Worte, auf Glaubensbekenntnisse, auf Meinungen. Und all das beruht auf Unwissenheit und nicht auf Wissen. Die Wahrheit hat keine Sekte. Alle Sekten entwickeln sich aus Doktrinen. Sobald jemand die Wahrheit kennt, ist er von der Sektiererei befreit, und in dem Augenblick wird er Teil der Religion – einer Religion, die weder Hindu noch Jaina, weder christlich noch muslimisch, sondern einfach nur Religion ist – unmodifiziert, nichts als Licht, nichts als Bewusstsein.

Religion ist in Wirklichkeit das Erkennen seines eigenen Selbst. Eine Sekte ist nicht religiös. Was hat denn Organisation mit Religion zu tun? Alle Organisationen sind politisch oder sozial; sie sind alle weltlich. Sie basieren auf Angst voreinander, und wo Angst herrscht, ist auch Hass. Sie entstehen nicht aus der Wahrheit heraus, sondern aus dem Sicherheitsdenken. Sei es eine Nation, eine Gesellschaft oder eine Sekte, alle entstehen aus Angst, und die Befriedigung dessen, was aus Angst geboren wurde, liegt darin, Angst in anderen hervorzurufen. Alle Sekten funktionieren so. Sie haben nicht die Absicht, jemanden religiös zu machen, sie wollen ihre Mitgliederzahl erhöhen.

Zahlen sind Macht und Garantien für Sicherheit. Sie bergen sowohl Selbstschutz als auch die Möglichkeit zum Angriff. Sekten waren schon immer so. Sie sind heute noch so und werden auch immer so sein. Sie haben Mensch und Religion nicht miteinander vereint, sie haben sie entzweit.

Dharma, Religion, ist kein soziales Phänomen, sie ist schlicht und einfach die rein persönliche Transformation. Sie hat nichts mit anderen zu tun; sie befasst sich nur mit dem eigenen Selbst. Sie befasst sich nicht damit, was jemand mit anderen macht, sondern was er mit sich selbst macht. Religion befasst sich damit, wie du in deinem absoluten Alleinsein mit dir selbst umgehst.

Das was ihr in eurem Alleinsein seid, ist das, was ihr wissen müsst. Wer ihr seid, müsst ihr wissen. Nur die Erkenntnis eures Wesens führt euch zur Religion. Es gibt keinen anderen Weg, der zur Religion führt. Kein Tempel, keine Moschee, keine Kirche kann euch dahin bringen, wo ihr schon seid. Ihr braucht keine äußeren Treppen zu besteigen, um dorthin zu gelangen. Alle Tempel sind außen. Alle Tempel sind außen, sind Teil der

Welt, und ihr könnt nicht durch sie zu eurem Selbst gelangen. Keine Reise in der äußeren Welt kann eine Pilgerfahrt zur Wahrheit, zum heiligen Ort sein. Dieser Ort liegt im Inneren, wo man die Erfahrung der Religion macht und wo man das Mysterium, die Freude und die Schönheit des Lebens entdeckt. Ohne dies bleibt alles elend; alles ist nutzlos, bedeutungslos.

Um das Selbst zu kennen, muss man nach innen gehen, nicht nach außen. Alle Sinne des Menschen führen ihn aber nach außen. Sie führen alle nach außen. Seine Augen blicken nach außen, seine Hände reichen nach außen, seine Beine strecken sich nach außen, und sogar sein Verstand reflektiert und spiegelt äußere Phänomene wider. Und darum hat er auch Idole aufgestellt, Bilder Gottes, und hat Tempel der Wahrheit errichtet. So können seine Augen Gott sehen, und seine Füße können eine Pilgerfahrt zur Wahrheit machen!

Wir haben diesen Selbstbetrug selbst erschaffen; wir haben diesen Giftbecher eigenhändig genommen. Und jetzt vergeuden wir unser Leben und verbringen es in Benommenheit, verursacht von diesem Gift und von dem Selbstbetrug.

Um die Sinne zu befriedigen, haben wir uns vorgestellt, die Religion sei außerhalb von uns, und haben also unseren Blick nach außen gerichtet. Ihr müsst aber hinter die Szene blicken, um das *Dharma*, um Religion zu erkennen. Euer Wissen und euer Bewusstsein der Welt kommt über das Medium der Sinne zu euch. Das Selbst könnt ihr auf diesem Weg niemals erkennen. Es ist unmöglich, denjenigen zu kennen, der weiß, der Wissen ist, als wäre er wie jemand anderes oder wie ein Gegenstand.

Den Seher – die Kraft zu sehen, kann man nicht wie einen gewöhnlichen Gegenstand betrachten. Wissen kann man weder übertragen noch auf einen Gegenstand reduzieren. Und das ganze Problem kommt nur daher, dass man diese einfache Tatsache nicht verstanden hat. Die Leute suchen nach Gott, als wäre er ein äußerer Gegenstand. Wie dumm ist das doch! Nach Gott muss man nicht suchen, er verbirgt sich im Sucher selbst.

Die Wahrheit liegt in euch selbst. Sie liegt in mir. Und es ist nicht so, dass sie morgen auch in euch sein wird – sie ist hier und jetzt in euch, in diesem Augenblick. Ich bin. Mein Wesen selbst ist meine Wahrheit. Und was immer ich sehe, ist vielleicht nicht die Wahrheit, ist vielleicht alles nur ein Traum. Träume sehe ich ja auch, und während ich sie sehe, scheinen sie wahr zu sein. Ihr seid vielleicht alle nur ein Traum für mich. Es mag sehr gut sein, dass ich nur träume und ihr gar nicht hier seid. Der Seher aber kann nicht falsch sein. Er kann nicht in einem Traum sein, denn wenn das so wäre, könnte er nicht sehen, dass es sich um einen Traum handelt. Ein Traum kann nicht einen Traum sehen.

Unwahrheit kann nicht Unwahrheit erkennen. Um einen Traum zu sehen, braucht es jemanden, der selbst kein Traum ist. Auch um Unwahrheit zu sehen, ist ein wahrhaft Sehender nötig. Ich sage darum: Ich bin die Wahrheit. Die Wahrheit ist mein Wesen. Ich brauche nirgendwohin zu gehen, um sie zu suchen.

Ihr müsst in eurem Inneren nach der Wahrheit graben. So wie ihr einen Brunnen grabt, müsst ihr auch die Wahrheit ausgraben. Da sind immer ein paar Schichten Steine und Erde, die die Wasserquelle bedecken; sobald ihr aber diese Schichten entfernt, liegt die Quelle frei. Auf genau die gleiche Weise wird euer Selbst von Schichten anderer Dinge unterdrückt, von Dingen, die nicht Teil des Selbst sind. Ihr müsst nur durch diese Schichten hindurchbrechen, und was ihr in zahllosen Leben gesucht habt, wird erlangt werden.

Bis jetzt habt ihr die Wahrheit nicht erkennen können, weil ihr weit und breit nach ihr gesucht habt, während sie in Wirklichkeit immer sehr nahe war. Sie ist der, welcher sucht. Ihr müsst den Brunnen eurer Seele ausgraben. Und Meditation ist das Mittel zu diesem Zweck. Mit dem Spaten der Meditation müsst ihr die Erdschichten entfernen, die Schichten des Fremden, die sich auf dem Selbst aufgetürmt haben. Sie ist das einzige Heilmittel, die einzige Kur. Und darüber möchte ich sprechen.

Zuerst müsst ihr wissen, was denn überhaupt euer Wesen, eure eigentliche Natur überdeckt hat. Was ist es, was euch vor euch selbst verbirgt? Könnt ihr es nicht sehen? Könnt ihr nicht sehen, womit es verdeckt ist? Was findet ihr, wenn ihr nach innen geht?

Hume hat gesagt: „Immer, wenn ich nach innen gegangen bin, habe ich dort nichts als Gedanken gefunden." Hume hat keine Seele lokalisiert, und auch ihr werdet eure auf diese Weise nicht finden. Hume sah nur die oberen Schichten und kehrte wieder um; er ging nur bist zur Schale und kam wieder zurück. Erst wenn ihr die Schale aufbrecht, seht ihr, was im Inneren steckt. Es ist, wie wenn jemand, der zu einem See geht und die Oberfläche mit Moos und Laub bedeckt sieht, zurückkehrt und sagt, da sei gar kein See. Normalerweise passiert genau das. Wir gehen jeden Tag nach innen, sehen die Decke von

Gedanken und kehren dann zurück. Das Selbst ist ständig von Gedanken umgeben, ihr kennt nichts als Gedanken. Gedanken sind eure Welt, und wer nur in Gedanken lebt, ist ein weltlicher Mensch. Sieht man hinter die Gedanken, fängt man an, religiös zu werden. Den Zustand des Nicht-Denkens zu kennen, bedeutet, in die Domäne der Religion einzutreten.

Möglicherweise drehen sich eure Gedanken nicht um diese Welt, sondern um die Seele, um Gott, und ihr gebt euch vielleicht der Illusion hin, ihr seid religiös. Ich möchte diese Illusion von euch zerstören. Alle Gedanken sind Deckschichten, eine äußere Schale. Es sind alles nur Wünsche, denn sie sind äußerlich, nach außen gerichtet. Man kann nicht über das Selbst nachdenken. Man kann es erkennen, aber nicht darüber nachdenken. Gedanken decken es zu, ohne Gedanken zu sein, kann das Selbst freilegen. Nicht-Denken ist Meditation. Erst wenn wir nicht denken, erkennen wir denjenigen, der von unseren Gedanken verdeckt wird. Wenn keine Wolken da sind, sieht man den blauen Himmel.

Meine Freunde, auch in euch ist ein Himmel. Entfernt die Wolke der Gedanken, damit man ihn sehen kann, damit man ihn erkennen kann. Es ist möglich. Wenn der Verstand ruht und leer von Gedanken ist, in dieser Stille, in dieser tiefen Gedankenlosigkeit, in der völligen Abwesenheit von Gedanken sieht man die Wahrheit.

Was können wir machen, um dies herbeizuführen?

Wir müssen etwas ganz Einfaches tun, ihr werdet es aber sehr schwierig finden, denn ihr seid sehr kompliziert geworden. Was für ein neugeborenes Kind möglich ist, ist für euch unmöglich. Das Kind schaut bloß, ohne zu denken. Es sieht einfach. Und zu sehen ist wunderbar. Das ist das Geheimnis, der Schlüssel, der das Tor zur Wahrheit öffnen kann.

Ich sehe euch. Ich sehe euch einfach nur. Könnt ihr mir folgen? Ich sehe euch nur – ich denke nicht. Und so kommt eine unglaubliche Ruhe, eine lebendige Stille über mich, und dann wird alles gesehen und alles gehört, und im Inneren bleibt alles ungestört. Im Inneren entsteht keinerlei Reaktion; es gibt keine Gedanken, nur *Darshan* – Sehen.

Rechtes Bewusstsein ist die Methode der Meditation. Ihr müsst sehen, nur sehen, was außen und was innen ist. Außen sind Objekte, innen Gedanken. Ihr müsst sie euch ohne jegliche Absicht ansehen. Keine Absicht ist da, nur das Sehen. Ihr seid Zeuge, ein losgelöster Zeuge, und ihr schaut nur. Dieses Beobachten, diese Wachsamkeit führt euch langsam zum Frieden, zur Leere, zum Nichts, zum Nicht-Denken. Versucht es, und ihr werdet wissen.

Während sich die Gedanken auflösen, erwacht das Bewusstsein und fängt an zu leben. Haltet einfach ab und zu für eine Weile an – irgendwo, irgendwann. Seht nur hin, hört und seid Zeuge von der Welt und euch selbst. Denkt nicht. Seid nur Zeuge und seht, was passiert. Lasst dann dieses Zeugesein sich ausbreiten, lasst es all eure physischen und geistigen Aktivitäten durchdringen. Erlaubt ihm, immer mit euch zu sein. Wenn man Zeuge bleibt, hört das Ego zu existieren auf, und ihr werdet sehen, ihr werdet erfahren, was ihr wirklich seid. Das „Ich" wird sterben, und das Selbst wird erlangt.

In dieser Erfahrung des Zeugeseins, in diesem Beobachten seines neutralen Beobachters, kommt es zu einer mühelosen Transformation; ein einfacher Übergang findet statt zwischen dem, was beobachtet wird, und demjenigen, der beobachtet. Während ihr eure Gedanken beobachtet, erhaltet ihr Einblicke in den, der beobachtet. Und eines Tages taucht dann der Sehende in seiner ganzen Majestät und Pracht auf, und all eure Armut und euer Elend nehmen ein Ende.

Das ist keine Disziplin, die man ab und zu üben kann, umso zur Befreiung zu gelangen. Sie muss ständig praktiziert werden, Tag und Nacht. Während man das Beobachten übt, während man immer mehr in den Zustand des Zeugeseins gelangt, wird dieser steter und immer mehr präsent. Allmählich ist er immer mit euch, ob ihr wach seid oder schlaft. Er beginnt sogar im Schlaf gegenwärtig zu sein. Und wenn das passiert, wenn er anfängt, sogar in eurem Schlaf da zu sein, könnt ihr sicher sein, dass er tief nach innen gesunken ist, dass er seine Wurzeln weit und breit ausgestreckt hat. Jetzt seid ihr noch am Schlafen, während ihr wach seid. Irgendwann werdet ihr sogar wach sein, wenn ihr schlaft.

Dieses Zeugesein zerstäubt die Gedanken im Wachzustand und die Träume im Schlaf. Wenn der Geist frei von Gedanken und Träumen ist, dann ist er ungestört.

Er wird ruhig, wellenlos, kein Zittern, genau wie das Meer ruhig ist, wenn keine Wellen da sind, genau wie die Flamme einer Kerze nicht flackert, wenn kein Luftzug durchs Haus streicht. In einem solchen Zustand erkennt man Gott, der das Selbst ist, der ich bin, der die Wahrheit ist. Und so öffnen sich die Tore zum Palast Gottes.

Dieses Tor, dieser Eingang liegt nicht in den Schriften – er liegt im Selbst. Darum sage ich auch, grabt nirgendwo anders als in euch. Geht nicht woanders hin – geht in euch. Ich habe es euch erklärt, wie man nach innen geht.

Aus eurer Gelassenheit und dem Funkeln in euren Augen schließe ich, dass ihr verstanden habt, was ich zu sagen hatte. Dieses Verständnis allein genügt aber nicht. Es ist nicht das Verständnis, sondern allein die spirituelle Erfahrung, die zum Fundament eines Lebens in Wahrheit werden kann. Geht ein wenig in die Richtung, die ich euch gezeigt habe, und seht. Geht nur ein wenig in jene Richtung und seht. Selbst wenn ihr ein klein wenig geht, seid ihr schon einen langen Weg gegangen, denn wenn ihr der Wahrheit entgegengeht, wenn ihr euch ihr nähert, kommt ihr in den Bereich ihrer Anziehungskraft – und dann geht ihr nicht mehr, ihr werdet ganz einfach zu ihr hingezogen.

Und zum Schluss denkt daran, dass jemand, der weitergeht, eines Tages seinen Bestimmungsort erreichen wird. Kein Schritt, den man in Richtung Gott geht, ist umsonst. Ich bezeuge diese Wahrheit. Wie sehr möchte ich, dass ihr diese Wahrheit auch nur für einen Augenblick erkennt, damit auch ihr darüber Zeugnis ablegen könnt! Sie ist euch so nah. Es ist nur eine Frage eures Erwachens. Die Sonne ist bereits aufgegangen, ihr müsst nur die Augen öffnen, um sie zu sehen. Ich rufe euch auf, die Augen zu öffnen.

Werdet ihr meinen Aufruf hören und eure Augen öffnen? Die Entscheidung liegt an euch, an euch allein.

12. Kapitel

Der Tautropfen und der Ozean

Osho, hat die Philosophie deiner Meinung nach
überhaupt einen Wert? Muss man nicht erst über
die Wahrheit Bescheid wissen, bevor man sie erkennt?

MAN KANN DIE WAHRHEIT NICHT ERKENNEN, BEVOR MAN
sie nicht wirklich erfahren hat. Und etwas über die Wahrheit zu wissen ist etwas ganz anderes, als die Wahrheit zu
erfahren. Was immer ihr über die Wahrheit wisst, kann
nicht wahr sein. Es ist nicht wahr, weil man sie, ohne sie
persönlich erfahren zu haben, ganz einfach nicht verstehen kann. Es ist unwahr; nicht vom Standpunkt des
Sprechers, sondern von dem des Zuhörers.

Wenn ich irgendetwas über die Wahrheit sage, werdet
ihr sie dann auf die gleiche Weise verstehen, wie ich sie
vermittle? Das ist nicht möglich, denn um etwas auf die
genau gleiche Weise verstehen zu können, müsstet ihr
gleich sein und euch in der gleichen Lage befinden wie
ich. Bis das, was ich sage, zu euch gelangt, ist es nicht
mehr wahr, weil ich nur Worte benutzen kann und ihr
diese Worte dann interpretiert. Die Bedeutung kommt
von euch und wird deshalb nicht anders sein als ihr

selbst. Es sind meine Worte, und eure Bedeutung. Diese Bedeutung kann nicht mehr sein, als ihr seid, und sie kann auch nicht über eure jetzige Erfahrung hinausgehen. Denkt ihr, ihr lest Krishna, wenn ihr die *Gita* lest? Falls ihr das denkt, begeht ihr einen großen Fehler. Meine Freunde, ihr lest nur euch selbst in der *Gita* – denn wie könnte es sonst so viele Interpretationen und Kommentare über die *Gita* geben? In jeder Schrift sehen wir unser eigenes Ebenbild, und jede Religion ist nichts anderes als ein Spiegel.

Bevor man die Wahrheit kennt, kann man nur Worte kennen, nicht die Wahrheit. Diese Worte stammen von anderen, von den Heiligen Büchern, von den Avatars und Teerthankaras, von den Erleuchteten; die Bedeutung und Interpretationen sind aber eure. Euer „Ich" liegt in ihnen. Ist das nicht der Grund, warum so viel Antagonismus da ist und warumso viele Unterschiede zwischen den sogenannten Religionen bestehen?

Kann es denn überhaupt einen Gegensatz oder Antagonismus zwischen Buddha und Christus geben? Die unterschiedliche Interpretation, der Gegensatz, der Antagonismus liegt zwischen dir und mir, und wir tragen ihn einfach nur in ihrem Namen aus. Religion kommt von denen, die die Wahrheit kennen, Sekten aber werden von denen organisiert, die nur hören und glauben. Und so gibt es zahllose Sekten – obwohl es nur *eine* Religion gibt. Das liegt daran, dass das Wissen über die Wahrheit eine identische Erfahrung für alle ist.

Beim Glauben ist das aber nicht so. Das Wissen ist eins, Glaubensbekenntnisse aber gibt es so viele, wie es Leute gibt, die glauben.

Religion entsteht, indem man Wahrheit sieht, Wahrheit erkennt, während Religionen das Ergebnis des Nichtsehens der Wahrheit sind. Das Rad der Religiosität wird von Menschen bewegt, die wissen; Religionen zu organisieren ist das Werk derer, die nicht wissen, und wegen ihrer gutgemeinten Bemühungen wird Religion irreligiös. Durch die ganze Geschichte hindurch ist der Mensch das Opfer dieses Widerspruchs gewesen.

Können wir nicht über die Wahrheit nachdenken, ohne irgendein Konzept über sie zu entwickeln?

Ich sage nicht, dass ihr denken sollt. Das Denken kann niemals über das hinausführen, was ihr bereits wisst, und wenn ihr die Wahrheit nicht kennt, wie könnt ihr da über sie nachdenken? Das Denken bleibt immer innerhalb der Grenzen eurer Erfahrung. Es ist nur ein Brüten über das Wissen. Das Denken ist nie kreativ, es ist bloß Wiederholung. Was man nicht weiß, kann man auch nicht durch Denken wissen. Wenn ihr das Unbekannte kennenlernen wollt, müsst ihr aus dem aussteigen, was ihr wisst. Um ins Unbekannte einzudringen, müsst ihr die Ufer des Bekannten verlassen.

Deswegen ist es besser, überhaupt kein Konzept über die Wahrheit zu haben. Jedes dieser Konzepte ist absolut falsch, leblos, ohne lebendige Bedeutung. Dieses Wort wird vielleicht von der Tradition respektiert, von Tausenden verehrt, von den Schriften unterstützt, für euch aber wird es nicht den geringsten Wert besitzen.

Für den, der die Wahrheit sucht, ist es nicht nur wertlos, sondern falsch. Das eine ist, den bruchstückhaften
Himmel der Wahrheit durch den engen und einschrän-
kenden Rahmen eines Fensters zu sehen, aber etwas
ganz anderes ist es, wenn der Rahmen wegfällt und ihr
die ganze Weite des Himmels sehen könnt. Der Himmel
wird durch nichts eingeschränkt. Auch die Wahrheit wird
durch nichts in Grenzen gehalten. Alle Rahmen sind vom
Menschen gemacht; alle Konzepte sind vom Menschen
gemacht.

Falls ihr die Wahrheit erkennen möchtet, tretet einen
Schritt aus eurer Beschränkung, eurem Rahmen heraus.
Vergesst Worte, Gedanken und euer Wissen und verlasst
das Bekannte, damit das Unbekannte hereinkommen
kann. Und lasst alle vom Menschen geschaffenen Konzepte hinter euch, sodass ihr das erfahren könnt, was
Unerschaffenes ist – die Grundlage aller Schöpfung.

*Wie können wir ohne die Hilfe der Schriften die Wahrheit
kennen? Sind sie denn nicht der einzige Weg, um die
Wahrheit zu erfahren?*

Willst du damit sagen, dass auch die Wahrheit zerstört
würde, wenn alle Schriften zerstört würden? Hängt die
Wahrheit denn von den Schriften oder hängen die
Schriften von der Wahrheit ab? Mein Freund, die Wahrheit ist noch nie mit Hilfe der Schriften erlangt worden.
Im Gegenteil, die Schriften wurden geschaffen, wurden
enthüllt, nachdem man die Wahrheit erkannt hatte.

Es sind nicht die Schriften, die einen Wert besitzen, es ist die Wahrheit, die einen Wert hat. Das Fundamentale ist die Wahrheit, nicht die Schriften. Und wenn man die Wahrheit durch die Schriften erlangen könnte, wäre dies doch eine sehr billige Wahrheit. Ihr könntet sie erlangen, ohne euch selbst zu verändern.

Die Schriften können aber nur euer Gedächtnis füllen, sie können euch kein Wissen des Selbst vermitteln. Und hinsichtlich der Wahrheit hilft ein geübtes Erinnerungsvermögen nicht im Geringsten. Für die Wahrheit müsst ihr den Preis der Selbsttransformation bezahlen. Die Schriften können euch zu einem *Pandit* machen, zu einem Gelehrten, sie können euch aber kein Wissen vermitteln. Die Schriften können jedoch weitere Schriften hervorbringen. Das liegt in der Natur der Dinge. Das Materielle kann nur das Materielle erzeugen. Wie könnte daraus aber je Wissen entstehen? Wissen ist eine Form von Bewusstsein. Es kann nicht aus unbewusster Materie geboren werden. Die Schriften sind ohne Leben, ohne Bewusstsein. Für die Wahrheit gilt das nicht. Die Schriften können nur das unbewusste, leblose Erinnerungsvermögen bereichern. Bewusstes Wissen kann man nicht durch sie erlangen, sondern nur dadurch, dass man in sich selbst eintaucht.

Du fragst, wie man denn ohne die Hilfe der Schriften die Wahrheit erkennen könne. Dem möchte ich entgegenhalten: Wie kannst du denn die Wahrheit erkennen, solange du dich auf die Schriften beschränkst? Es ist eine falsche Vorstellung, die Wahrheit ließe sich von jemand anderem erhalten, von den Schriften oder von einem Guru, denn das hindert euch, in eurem Innern danach zu suchen. Diese Vorstellung ist ein großes Hindernis. Auch das ist eine Suche in der Welt. Vergesst nicht, dass die Schriften auch ein Teil der Welt sind. Alles, was außen ist, ist die Welt.

Die Wahrheit ist hier, im Inneren, nicht außen – innen, da wo das Selbst ist. Das Selbst ist die wahre Schrift. Es ist auch der einzig wahre Guru. Indem man ins Selbst eindringt, gelangt man zur Wahrheit.

Ist das, was der Intellekt als die Wahrheit betrachtet, nicht wahr?

Der Intellekt denkt. Intellekt ist nicht Wissen. Denken heißt, im Dunkeln zu tappen, es ist nicht Wissen. Die Wahrheit kann man nicht denken – man kann sie sehen, erfahren. Man kann sie nicht mit dem Intellekt erfahren, man erfährt sie, wenn der Intellekt ruhig und leer ist. Dieser Zustand des inneren Wissens ist Intuition. Intuition ist nicht Denken, es ist Einsicht.

Wer die Wahrheit sehen möchte, für den ist die Intuition das, was für einen Blinden das Erlangen des Augenlichts ist. Durch Denken gelangt man nirgendwohin, es ist ein endloses Umhertasten. Ein Blinder kann jahrelang umhertasten, wird er aber dadurch das Licht sehen können? So wie es keine Beziehung zwischen dem Herumtappen im Dunkeln und dem Licht gibt, so gibt es auch keine Beziehung zwischen dem Denken und der Wahrheit. Sie gehören zu völlig unterschiedlichen Dimensionen.

Nein, das sind keine spirituellen Erfahrungen. Keine
Vision ist eine spirituelle Erfahrung, denn auf dieser
Ebene sind alle Erfahrungen psychologischer Natur.
Solange man eine Vision oder Erkenntnis von jemand
anderem hat, kann es sich nicht um das Erkennen von
sich selbst handeln. Sogar in solchen Erfahrungen steht
ihr immer noch außerhalb von euch selbst, seid ihr
immer noch nicht zu euch selbst gekommen. Dieses Zu-
sich-selbst-Kommen tritt erst ein, wenn keine äußeren
Erfahrungen mehr da sind. Wenn sich das Bewusstsein
nicht mehr auf ein Objekt bezieht, kommt es spontan in
sich selbst zur Ruhe. Nur ein Bewusstsein ohne Objekt
kann im Selbst ruhen.

Außerhalb von mir bin ich von zwei Welten umgeben,
der Welt der Materie und der Welt des Verstandes. Beide
stehen außerhalb von mir. Nicht nur die Materie steht
außerhalb, auch der Verstand steht außerhalb. Weil sich
der Verstand im Körper befindet, schafft er die Illusion,
im Inneren zu sein; der Verstand ist aber nicht im Innern.
Das Selbst ist im Innern, hinter dem Verstand, jenseits
des Verstandes.

Wir verwechseln materielle Erfahrungen auch nicht
mit spirituellen Erfahrungen. Aber unsere psychologischen Erfahrungen verschaffen uns die Illusion, sie seien
spirituell, denn die geistigen Bilder, die wir sehen, unterscheiden sich von jenen der materiellen Welt, und wir
sehen sie auch, wenn wir die Augen geschlossen haben.
Bei psychologischen Erfahrungen sehen wir Träume ja

auch nicht als spirituelle Erfahrungen, auch wenn diese ebenfalls nur auftauchen, wenn wir die Augen geschlossen haben; auch wenn sie beim Aufwachen, beim Kontakt mit der Außenwelt weg sind.

Es gibt gewisse geistige Erfahrungen, die die Illusion erschaffen, wirklich und spirituell zu sein. Es sind aber mentale Projektionen. Der Verstand besitzt die Fähigkeit, sich selbst so weit zu hypnotisieren, dass er die Träume, die er bei geschlossenen Augen sieht, auch noch mit offenen Augen sehen kann. Das geschieht in einer Art von Wachschlaf. Und so sehen wir dann Gott, wie wir ihn sehen wollen – als Krishna oder Christus. Solche Visionen sind rein mentale Projektionen, in denen wir nicht sehen, was wirklich ist, sondern das was wir zu sehen wünschen.

Diese Erfahrungen sind weder spirituell noch göttlich. Sie sind rein psychologische Erfahrungen und werden durch Selbsthypnose hervorgerufen.

Wie kann man dann Gott sehen?

Das Wort „sehen" ist hier irreführend. Es lässt einen annehmen, es gäbe jemanden zu sehen, und das Wort „Gott" selber schafft die Illusion einer Person, einer Persönlichkeit. Es gibt keinen Gott als Person – es gibt nur Göttlichkeit. Gott ist keine Person, sondern eine Kraft, eine Energie. Gott ist ein unendlicher Ozean von Energie, ein unendlicher Ozean des Bewusstseins. Er manifestiert sich in allen Formen. Gott als Schöpfer ist nicht getrennt, er ist die Schöpfung selbst, er ist kreative Wirklichkeit. Er ist Leben.

Solange man vom Ego umgeben ist, schafft das die Illusion des Getrenntseins, als sei man vom Leben getrennt. Es ist eure Distanz, eure Trennung von Gott. In Wirklichkeit ist da keine Distanz oder Trennung – allein die Illusion des „Ich" schafft die Distanz. Diese Trennung besteht wegen unserer Unwissenheit. Tatsächlich ist die Ignoranz die Trennung.

Sobald das Ich sich aufgelöst hat, erkennt man eine unendliche, grenzenlose, kreative Lebenskraft – das ist Gott. Die Erfahrung, die man beim Tod des „Ich" hat, ist das Erkennen Gottes. Du siehst dann, dass nirgends ein „Ich" ist. Was in den Wellen des Ozeans ist, ist in dir; was in den Frühlingstrieben keimt, erblüht in dir; was in den fallenden Herbstblättern ist, ist in dir. Nirgendwo bis du getrennt vom kosmischen Sein. Du bist in ihm; du bist es. Diese Erfahrung nennt man Gotteserkenntnis. Ein Seher hat gesagt: „*Tattvamasi svetaketu* – Du bist das." Am Tag, wo ihr dies fühlt und erfahrt, habt ihr Gott erkannt. Alles was weniger oder anders ist als dies, ist nur Einbildung.

Was für eine Vision Gottes kannst du haben? Du selbst musst zu Gott werden. Was für eine Vision vom Ozean kann der Regentropfen haben? Er kann nur seine Identität verlieren und selbst zum Ozean werden! Solange er ein Regentropfen ist, bleibt die große Lücke zwischen ihm und dem Ozean; wenn er aber seine Identifizierung aufgibt, löst er sich im Ozean auf, wird selbst zum Ozean.

Sucht ihr nach Gott? Sucht danach, Gott zu werden. Der Pfad dieser Suche ist derselbe, wie der des Regentropfens auf seiner Suche nach dem Ozean.

Osho, ich glaube an Gott. Du sagst aber, Glaube sei
schädlich. Soll ich meinen Glauben aufgeben?

Liegt die Antwort auf deine Frage nicht in der Frage selbst? Welchen Wert besitzt ein Glauben, den man behalten oder aufgeben kann, ganz wie man will? Es ist nur ein blindes mentales Konzept, das ganz klar wertlos ist. Es ist blinder Glauben, und je weniger blind ihr durch das Leben geht, desto besser. Ich sage nicht, ihr sollt glauben, ich sage, ihr sollt wissen.

Nur ein Zustand des Geistes, den man durch Wissen erlangt hat, durch Erkenntnis, besitzt einen Wert. Ihr könnt es rechten Glauben nennen, wenn ihr wollt; es ist aber kein Glauben, es ist Erkenntnis. Glaubt nicht an die Wahrheit, sucht nach ihr. Sucht sie. Aber klammert euch nicht an irgendeinen Glauben oder an ein Konzept. Das ist nur ein Zeichen der Schwäche des Geistes. Es ist Lethargie; es ist eine Nachlässigkeit. Ihr schadet euch selbst, wenn ihr euch davor drückt, selbst zu suchen, es selbst herauszufinden.

Blinder Glaube ist eine Flucht vor der Mühe der Selbsterkenntnis. In einem gewissen Sinn ist es nichts anderes als Selbstmord, denn wenn man einmal in diesen Graben gefallen ist, wird man unfähig, den Gipfel der Wahrheit zu erklimmen. Diese Pfade führen euch in zwei entgegengesetzte Richtungen. Einer führt zum Graben, in den ihr fallt; der andere führt zum fernen Gipfel, den ihr erklimmen müsst. Zu glauben ist einfach, denn dann braucht man nichts zu tun. Aus diesem Blickwinkel heraus ist Erkenntnis nicht so einfach. Erkenntnis ist die vollständige Transformation des Lebens.

Glaube ist die äußere Erscheinung, Erkenntnis die innere Revolution. Die Leichtigkeit zu glauben, verwandelt das Feuer der spirituellen Suche in einen Dornröschenschlaf des blinden Glaubens.

Bei der Religion geht es nicht um Glauben, doch bei den heutigen Religionen ist es leider so. Deswegen haben die Konzepte der Weltreligionen für mich nichts mit Religion zu tun. Bei dieser Art Religion behält Karl Marx recht, wenn er sagt, Religion ist Opium fürs Volk.

13. Kapitel

Die Geburt des neuen Menschen

MAN HAT EUCH GESAGT, IHR SOLLT AN DIE SCHRIFTEN, AN die Worte Gottes, an ihre Priester glauben. Ich sage das nun gar nicht. Ich sage: Vertraut euch selbst. Nur indem ihr euch selbst kennt, könnt ihr auch verstehen, was die Schriften gesagt haben, was Gottes Wort gesagt hat. Solange man sich nicht selbst vertraut, ist auch jedes Befolgen eines Glaubens umsonst. Könnt ihr etwa auf jemand anderes Füßen stehen?

Buddha sagte: „Sei dein eigenes Licht. Sei deine eigene Zuflucht. Es gibt keine richtige Zuflucht außer dem eigenen Selbst." Und ich sage das Gleiche.

Eines Abends verabschiedete ein Mönch einen anderen, der bei ihm zu Gast gewesen war, und dieser sagte: „Die Nacht ist sehr dunkel. Wie kann ich beim Gehen etwas sehen?" Der Gastgeber zündete eine Lampe an und gab sie seinem Gast. Als dieser die Treppen hinunterging, blies der Gastgeber die Lampe aus. Es war wieder ganz dunkel. Dann sagte der Gastgeber: „Meine Lampe wird deinen Pfad nicht erleuchten können. Dafür musst du schon ein eigenes Licht haben."

Der Gast verstand den Rat des Mönchs, und dieses Verständnis wurde zu seinem Licht auf dem Pfad des

Lebens, das nicht wieder ausgelöscht werden konnte. Spirituelle Disziplin ist nicht nur ein Teil des Lebens, sie muss unser ganzes Leben durchdringen – im Stehen, im Sitzen, im Sprechen, im Lachen. Sie muss immer gegenwärtig sein, nur dann wird sie bedeutungsvoll und natürlich.

Religiosität findet man nicht in einem speziellen Akt, einer Andacht oder einem Gebet. Sie ist ein Lebensstil, in dem alles im Leben zu Andacht und Gebet wird. Sie ist kein Ritual, sie ist ein Lebensstil. In diesem Sinne ist keine Religion religiös, es ist das Individuum, das religiös ist. Kein Verhalten ist religiös, das Leben ist religiös.

Nur wenn man frei ist von den Fesseln des Ego, des „Ich", kann sich das Bewusstsein über das Individuum erheben und eins mit dem Ganzen werden. Genau wie ein irdener Krug das Wasser vom Ozean trennt, hält der Tonkrug des Egos das Individuum von der Wahrheit getrennt.

Was ist dieses Ego, dieses „Ich"? Habt ihr jemals in euch selbst danach gesucht? Es existiert nur, weil ihr noch nie danach gesucht habt. Als ich selbst versuchte, es zu finden, merkte ich, dass es gar nicht existiert. Geht in einem ruhigen Augenblick tief in euch hinein und seht. Ihr werdet das „Ich" nirgendwo finden. Das „Ich" existiert nicht.

Es ist reine Illusion, die wir wegen ihrer gesellschaftlichen Notwendigkeit in die Existenz gesetzt haben. Genauso wie ihr einen Namen besitzt, habt ihr auch ein Ego. Beide sind nutzvoll, aber nicht die Wahrheit. Was in euch ist, hat weder Namen noch Ego.

Man kann nicht ins *Nirvana*, ins *Moksha* – die Befreiung, in die Seele, in den *Atman* eintreten. Wie könnt ihr an einen Ort gelangen, den ihr nie verlassen habt? Was passiert also?

Wie ich schon sagte, gibt es keinen Eingang ins *Nirvana*; was aber passiert, ist folgendes: Die Welt, in der wir waren, löst sich auf wie ein Traum, und wir finden uns in uns selbst. An sich ist diese Erfahrung überhaupt nicht wie ein Eintreten, es ist mehr, als würdet ihr euch selbst nach dem abrupten Abbruch einer Reise, die ihr im Traum gemacht habt, in eurem Bett wiederfinden. Da ihr nirgendwohin gegangen seid, kehrt ihr auch nicht von irgendwoher zurück; da ihr nichts verloren habt, ist das Gerede, etwas zu erreichen, sinnlos. Ihr träumt nur; euer Weggehen und Etwas-verloren-haben, spielt sich in einem Traum ab.

Ihr braucht nicht irgendwohin zu gehen oder irgendetwas zu finden. Ihr braucht nur aufzuwachen. Das Erkennen der Wahrheit ist immer vollkommen, immer komplett, es verläuft nicht graduell. Es ist keine Evolution, es ist eine Revolution. Wacht etwa jemand graduell aus einem Traum auf? Entweder träumt man, oder man träumt nicht. Ein Zwischenstadium gibt es nicht.

Sicher, die spirituelle Disziplin mag lange brauchen, das Erkennen der Wahrheit jedoch kommt wie ein Blitz – in einem winzigen Augenblick und in seiner ganzen Totalität. Das Erkennen als solches benötigt keine Zeit, denn alles, was über eine gewisse Zeitperiode hinweg passiert, ist immer graduell.

Die spirituelle Disziplin findet in einer gewissen Zeitspanne statt, die Erkenntnis jedoch nicht. Sie liegt jenseits der Zeit. Um die Wahrheit zu erkennen, genügt kein Gutsein und kein Nicht-Verhaftetsein.

Das ist eine zeitweise spirituelle Disziplin. Für das Erkennen der Wahrheit ist es wichtig, sich über beides, Gut und Böse, Liebe und Hass, die Welt und die Befreiung zu erheben. Diesen Zustand nennt man *Veetaragata*, der Zustand jenseits von Verbundenheit und Losgelöstheit.

Veetaraga, wunschlose Bewusstheit, ist der Zustand, in dem weder Liebe noch Hass, weder Gut noch Böse herrschen, sondern wo nur reines Bewusstsein in sich selbst herrscht. Das Erkennen der Wahrheit erfolgt nur in diesem Zustand. Ihr müsst einen sorglosen und wachsamen Geisteszustand pflegen. Ihr müsst diesen geistigen Zustand mit euch verweben, so wie der Atem mit eurem Leben Tag und Nacht verwoben ist. Ihr sollt in jeder Aktivität wach und unberührt sein, dies nennt man das Nicht-Tun im Tun. Wie ein Schauspieler sich völlig bewusst ist, dass er nur spielt, wenn er eine Rolle verkörpert. Auch wenn er spielt, bleibt er doch unberührt. So müsst ihr werden, und so müsst ihr bleiben.

Solange jemand wach bleibt, während er mit etwas beschäftigt ist, ist es für ihn nicht schwierig, unberührt zu bleiben. Es ist die natürliche Folge des Beobachtens. Du gehst auf der Straße. Wenn du das Gehen bewusst beobachtest, fühlst du, wie du gehst und gleichzeitig auch nicht gehst. Das Gehen passiert auf der physischen Ebene, auf der Ebene des Bewusstseins aber gibt es kein Gehen. Ihr werdet das Gleiche spüren, während ihr esst oder andere Dinge tut. Ein Punkt in euch bleibt Zeuge. Er ist weder der Handelnde noch der Genießer. Je tiefer die Erfahrung dieses Zeugeseins wird, desto mehr lösen sich die Gefühle des Glücks und der Trauer langsam auf –

und dann erkennt ihr jenes nicht-duale und reine Bewusstsein, das eure Seele ist.

Was ist der Verstand?

Er ist sowohl die Sammlung als auch der Sammler von allem, was von den Sinnen erfasst wird. Wer immer seinen Verstand als sein Selbst ansieht, hat den Diener mit dem Herrn verwechselt. Und wenn ihr euer wahres Selbst erkennen möchtet, müsst ihr aufgeben, was ihr wisst, und dem in euch folgen, der *weiß*. Der Verstand ist nur das, worüber man etwas weiß; das Selbst ist das Mittel, mit dem man alles weiß. Der Zeuge, der Wissende ist das Selbst. Dieses Selbst unterscheidet sich von Geburt und Tod, von *Maya* und *Moksha* – Illusion und Befreiung. Es ist nur ein Zeuge, Zeuge von allem – vom Licht, von der Dunkelheit, von der Welt, vom *Nirvana*. Das Selbst ist jenseits aller Dualitäten.

Sobald jemand diesen Zeugen kennt, wird er wie ein Lotus – getrennt vom Schlamm, aus dem er geboren wurde, und losgelöst vom Wasser, in dem er lebt. Ein solcher Mensch ist in allen Lebenslagen ruhig und gesammelt – im Vergnügen und im Schmerz, in der Ehre und in der Demütigung – denn er ist nur ein Zeuge. Was immer auch geschieht, geschieht. Es geschieht aber nicht ihm selbst, es geschieht vor ihm. Er wird zum Spiegel, der Tausende von Bildern reflektiert, aber von keinem bleibt ein Eindruck zurück.

Ein alter Mönch kam zusammen mit einem jungen Begleiter ans Ufer eines Flusses. Der junge Mann fragte: „Wie sollen wir den Fluss überqueren?" Der alte Mann antwortete: „So, dass deine Füße nicht nass werden."

Der junge Mann hörte ihn, und wie ein Blitz wurde

ihm etwas klar und deutlich. Der Fluss kam und ging, der geheimnisvolle Spruch jedoch war tief in sein Herz eingedrungen. Er wurde zum Leitprinzip seines Lebens. Er lernte, den Fluss zu überqueren, ohne sich die Füße nass zu machen!

Ihr solltet wie dieser junge Mann werden – wie jemand, der isst und trotzdem fastet, wie jemand, der sich inmitten einer Menschenmenge befindet und trotzdem allein ist, der schläft und doch wach ist – denn nur ein solcher Mensch erlangt Befreiung in der Welt und findet Gott in jedem Stein.

Im *Samadhi*, in der Erleuchtung gibt es kein Objekt zu erkennen, man kann deshalb den Zustand des *Samadhi* auch nicht ein Wissen nennen. Es ist jedenfalls kein Wissen im üblichen Sinn, obwohl es gleichzeitig auch keine Unwissenheit ist. Es gibt nichts, mit dem man wissen könnte. Es ist weder Wissen noch Unwissenheit. Es ist weder Kenntnis noch Unkenntnis eines Objekts, denn es gibt gar kein Objekt mehr. Es gibt nur noch Subjektivität. Es gibt nur denjenigen, der weiß. Es gibt kein Wissen irgendeines Objektes, nur noch reines Wissen – Bewusstsein ohne Inhalt.

Jemand fragte einen Mönch: „Was ist Meditation?"

Er antwortete: „In dem zu sein, was nahe liegt, ist Meditation."

Was liegt euch nahe? Ist nicht alles außer euch selbst, getrennt von euch? Nur ihr selbst steht euch nahe. Ihr verlasst aber ständig euer Selbst und seid immer weit von ihm entfernt. Ihr befindet euch immer irgendwo in der Nachbarschaft. Im Selbst und nicht in der Nachbarschaft zu verweilen ist Meditation. Wenn ihr nirgend-

174

wo seid und auch euer Verstand nirgendwo ist, seid ihr trotzdem noch irgendwo.

Dieses Irgendwo ist Meditation. Wenn du nirgendwo bist, bist du in deinem Selbst. Das heißt es, nicht in der Nachbarschaft zu sein; das heißt, nicht abwesend zu sein. Das ist Innerlichkeit; das ist Intimität. Nur dort kann man zur Wahrheit erweckt werden. Weil ihr in der Nachbarschaft seid, habt ihr alles verloren; alles kann aber wiedergewonnen werden, wenn ihr in euch selbst seid.

Ich sage nicht, ihr sollt der Welt entsagen, ich sage, ihr sollt euch selbst transformieren. Indem ihr die Welt ablehnt, verändert ihr euch nicht, wenn ihr euch aber verändert, hört die Welt für euch zu existieren auf. Wahre Religion ist nicht weltverneinend, sie ist selbsttransformierend. Denkt nicht an die Welt, sondern an die Art, wie ihr die Welt seht. Das müsst ihr ändern. Denn so, wie ihr sie seht, existiert die Welt, und wegen ihr seid ihr gefangen. Sobald man die Sichtweise ändert, ändert sich auch die ganze Existenz. Die Welt ist nicht verkehrt. Der Fehler liegt an euch und eurer Sichtweise.

Die Wissenschaft der Transformation des Lebens nennt man Meditation. Durch Analyse gelangt die Physik zum Atom und zur Atomenergie, aber Meditation gelangt zur Seele und zur Seelenkraft. Durch ersteres wird das in der Materie verborgene Geheimnis entdeckt, durch letzteres enthüllt sich die Welt, die sich im Selbst verbirgt.

Aber Meditation ist wichtiger als Wissenschaft, denn es gibt nichts Wichtigeres im Universum als das Selbst.

Der Mensch befindet sich nicht mehr im Gleichgewicht, weil er viel über die Materie, aber nichts über sich selbst weiß. Er hat gelernt, in die unermesslichen Tiefen des Ozeans hinabzutauchen und in erstaunliche Höhen aufzufliegen, er hat aber vergessen, wie er sich in sich selbst zurückziehen kann. Das ist ein selbstmörderischer Zustand. Genau darin besteht unser Elend. Meditation kann dieses Gleichgewicht wiederherstellen, darum muss es gelehrt werden.

Nur durch Meditation kann die Geburt eines neuen Menschen im wahren Sinne des Wortes stattfinden – und nur so kann das Fundament zu einer neuen Menschheit gelegt werden. Die Wissenschaft hat die Materie erobert, und jetzt muss sich der Mensch selbst erobern. Seine Eroberung der Materie hat es unausweichlich gemacht, dass er sich jetzt selbst erkennt und erobert. Sonst wird seine Herrschaft über die unbegrenzten Kräfte der Materie, über die Atomkraft, seine eigene Zerstörung herbeiführen, denn Macht in den Händen von Unwissenden ist immer tödlich.

Wissenschaft in den Händen von Unwissenden ist eine zerstörerische Kombination. Wenn aber die Wissenschaft in den Händen der Wissenden liegt, führt sie zur Geburt einer ungekannten kreativen Energie, die die Welt in ein Paradies verwandeln kann.

Darum sage ich euch, dass die Zukunft und das Schicksal des Menschen jetzt in den Händen der Meditation liegen. Meditation ist die Wissenschaft der Zukunft, denn es ist die Wissenschaft des Menschen.

14. Kapitel

Der Augenblick unendlicher Geduld

WAS SOLL ICH EUCH ALSO HEUTE SAGEN? WIR WERDEN uns heute Abend trennen, und ich sehe, dass eure Herzen bereits schwer sind bei diesem Gedanken. Erst vor fünf Tagen sind wir hier an diesem einsamen Ort zusammengekommen. Wer dachte damals an die Abreise?

Vergesst aber nicht, dass im Kommen bereits das Gehen liegt. Es sind die zwei Seiten einer Münze. Weil sie nur getrennt sichtbar sind, lassen wir uns zu der Annahme verleiten, sie seien nicht miteinander verbunden. Wenn ihr aber etwas tiefer geht, seht ihr, dass das Zusammenkommen selbst schon ein Auseinandergehen ist, dass Glück auch Leid ist und dass sogar die Geburt der Tod ist. Es besteht eigentlich kaum ein Unterschied zwischen dem Kommen und dem Gehen – oder genauer, es besteht überhaupt kein Unterschied. Im Leben ist es dasselbe. Ihr seid kaum angekommen, und schon setzt der Prozess des Gehens ein; und was unser Verstand für Bleiben hält, ist nur eine Vorbereitung zum Gehen.

Was ist denn der Abstand zwischen Geburt und Tod wirklich? Die Distanz zwischen den beiden kann endlos sein. Wenn diese Distanz zwischen Geburt und Tod, das Leben also, zu einem Streben nach Selbstverwirklichung wird, kann sie kein Ende haben. Wenn das Leben zur spirituellen Vollendung genutzt wird, zu einer Reise der Selbstverwirklichung, kann der Tod zu *Moksha*, zur Befreiung werden. Während Geburt und Tod nicht weit auseinander liegen, ist die Zeitspanne zwischen *Moksha* und Tod unendlich. Diese Distanz ist so groß wie jene zwischen Körper und Seele, zwischen einem Traum und der Wahrheit. Diese Distanz ist viel größer als alle anderen Abstände zusammengenommen. Keine zwei Punkte liegen weiter auseinander als *Moksha* und der Tod.

Die Illusion, wonach „ich der Körper bin", ist der Tod; die Erkenntnis, dass „ich die Seele bin", ist die Befreiung, die Erlösung, *Moksha*. Und das Leben ist eine Gelegenheit zur Erlangung dieser Wahrheit. Falls ihr diese Gelegenheit richtig nutzt und nicht unnötig vergeudet, wird die Distanz zwischen Geburt und Tod unendlich.

Auch zwischen eurem Kommen und Gehen hier, kann die Distanz sehr groß sein – eine enorme Distanz in den wenigen Tagen, die wir hier verbracht haben. Könnte es nicht sein, dass ihr nicht mehr die Gleichen seid, wenn ihr zurückkehrt, wie damals, als ihr kamt? Könnte es nicht sein, dass ihr als ganz neue und veränderte Menschen zurückkehrt?

Wenn ihr wollt, kann sich diese Revolution oder Transformation in einem Augenblick vollziehen. Fünf Tage sind noch zu viel. Wenn es in fünf Leben nicht geklappt hat, warum dann von fünf Tagen reden? Ein einziger Augenblick des Willens, der absoluten Entschlossenheit genügt. Ein ganzes Leben ohne Entschlossenheit ist nichts.

Denkt daran, dass Entschlossenheit und Zeit wichtig

sind. Die Errungenschaften der Welt werden in der Zeit erlangt; jene der Wahrheit in der Entschlossenheit. Die Intensität der Entschlossenheit gibt einem Augenblick unermessliche Tiefe und unendliche Weite. Tatsächlich hört in der Intensität der Entschlossenheit die Zeit zu existieren auf, und nur die Ewigkeit bleibt übrig.

Entschlossenheit führt zu eurer Befreiung von der Zeit und verbindet euch mit der Ewigkeit. Lasst eure Entschlossenheit tief und intensiv sein. Lasst sie jeden Atemzug durchfluten. Lasst sie in eurer Erinnerung sein, schlafend oder wachend. Nur durch sie kann eine Neugeburt stattfinden, eine Geburt, die keinen Tod kennt. Das ist die wahre Geburt.

Es gibt eine Geburt, die Geburt des physischen Körpers, die unvermeidlich im Tod endet; ich nenne sie aber nicht die wahre Geburt. Wie könnte etwas, was im Tod endet, der Anfang des Lebens sein?

Es gibt aber noch eine andere Geburt, die nicht im Tod endet. Das ist die wahre Geburt. Ihre Erfüllung liegt in der Unsterblichkeit. Zu dieser Geburt habe ich euch hierher eingeladen, und zu dieser Geburt habe ich euch die letzten paar Tage aufgerufen. Wir haben uns hier zu genau dieser Geburt versammelt. Aber bloß hier zusammenzukommen hat keinen Wert.

Wenn jeder von euch dem Durst in eurem Innern zur Geburt verhilft, dann wird euch die Entschlossenheit eures ganzen Wesens in die Gegenwart der Wahrheit bringen. Die Wahrheit liegt sehr nahe, doch ihr braucht Entschlossenheit, ihr braucht Willen, um zu ihr zu gelangen. Der Durst nach Wahrheit ist in euch, es braucht aber auch Entschlossenheit dazu.

Dieser Durst wird nur dann zu spirituellem Bemühen, wenn er Hand in Hand mit Entschlossenheit geht. Was bedeutet „Entschlossenheit"?

Ein Mann fragte einst einen Mystiker wie man zu Gott gelangen könne. Der Mystiker blickte in seine Augen und sah den Durst. Der Mystiker war gerade auf dem Weg zum Fluss; er bat den Mann, ihn zu begleiten, und versprach, ihm zu zeigen, wie man zu Gott gelangt, nachdem sie ein Bad genommen hätten.

Sie kamen zum Fluss. Sobald der Mann ins Wasser gesprungen war, packte der Mystiker seinen Kopf und drückte ihn mit großer Kraft unter Wasser. Der Mann fing zu kämpfen an, um sich aus dem Griff des Mystikers zu lösen. Sein Leben war in Gefahr. Er war viel schwächer als der Mystiker, aber seine verborgenen Kräfte regten sich langsam, und schon bald konnte ihn der Mystiker nicht mehr unter Wasser halten. Der Mann gab sein Letztes, und es gelang ihm schließlich, aus dem Fluss zu kommen. Er war schockiert. Er konnte das seltsame Verhalten des Mystikers nicht verstehen. War der verrückt? Noch dazu lachte der Mystiker laut.

Nachdem sich der Mann beruhigt hatte, fragte ihn der Mystiker: „Welche Wünsche kamen dir in den Sinn, als du unter Wasser warst?" Der Mann erwiderte: „Wünsche! Es waren keine Wünsche da, außer dem einen: Luft zu holen." Der Mystiker sagte: „Hier liegt das Geheimnis, um zu Gott zu gelangen. Das ist Entschlossenheit. Und deine Entschlossenheit weckte all deine verborgenen Kräfte auf."

In einem solchen Augenblick intensiver Entschlossenheit werden große Kräfte mobilisiert – und so kann man die Welt verlassen und in die Wahrheit eintreten. Allein durch Entschlossenheit kann man von der Welt zur Wahrheit gelangen, vom Traum in die Wirklichkeit gelangen.

In diesem Augenblick, in der Stunde des Auseinandergehens, möchte ich euch daran erinnern: Es braucht Entschlossenheit. Und was sonst? Es braucht Entschlossenheit und Beständigkeit in eurem spirituellen Bemühen. Eurer Bemühen muss beständig sein. Habt ihr je einen Wasserfall gesehen, wie er von den Bergen herunterrauscht? Es ist ein ständiger Wasserstrom, der irgendwann Felsen zersetzen kann. Wenn jemand unaufhörlich versucht, die Felsen der Unwissenheit zu zerstören, werden sich diese Felsen, die am Anfang unbezwingbar schienen, eines Tages in Staub verwandeln. Und dann findet man seinen Weg.

Der Pfad ist zweifellos da, um gefunden zu werden; versucht aber nicht, einen zu finden, der schon ausgetreten ist. Ihr müsst ihn durch eure eigenen Bemühungen schaffen. Und welche Würde das einem Menschen gibt! Wie sehr ehrt es uns doch, wenn wir die Wahrheit durch unsere eigenen Bemühungen erlangen!

Mahavira wollte genau das sagen, als er von der Erlangung der Wahrheit durch Mühsal, *Shramana*, sprach. Die Wahrheit wird durch *Shramma*, Arbeit erlangt. Wahrheit bekommt man nicht als Almosen, sondern durch Bemühen. Ihr braucht Entschlossenheit, ein ständiges Bemühen, und noch etwas: unendliche Geduld. Wahrheit ist unendlich, endlos, und darum braucht es auch unendliche Geduld, um darauf zu warten.

Das Göttliche erscheint nur nach endlosem Warten.

Wer keine Geduld hat, kann nicht dahin gelangen. Auch daran wollte ich euch noch erinnern.

Zum Schluss fällt mir noch eine Geschichte ein, die ich euch erzählen möchte. Obwohl erfunden, ist sie doch absolut wahr.

Ein Engel ging an einem Platz vorüber, wo ein alter Mönch saß. Der Mönch sagte zum Engel: „Frag Gott bitte, wie lange es dauert, bis ich die Befreiung erlange."

Neben dem Mönch saß ein neu-initiierter Sannyasin unter einem Banyanbaum. Der Engel fragte den jungen Sannyasin, ob auch er wünsche, dass er sich bei Gott über seine Befreiung erkundige. Der Sannyasin sagte jedoch kein Wort. Er war still und ruhig.

Nach einer gewissen Zeit kam der Engel zurück. Er sagte zum alten Mönch: „Ich fragte Gott über deine Befreiung. Er sagte, es dauere noch drei weitere Leben."

Der alte Mann wurde wütend, und seine Augen liefen rot an vor Wut. Er warf seinen Rosenkranz weg und sagte: „Noch drei Leben! Das ist ja grauenhaft!"

Dann ging der Engel zu dem jungen Mann und sagte: „Ich fragte Gott auch wegen dir. Er sagte, du müsstest deine spirituellen Übungen noch so viele Leben machen, wie Blätter am Banyanbaum sind, unter dem du sitzt." Der junge Sannyasin war überglücklich – seine Augen füllten sich mit Freudentränen. Er sprang auf und fing an zu tanzen. „Das heißt, dass ich angekommen bin! Es gibt so viele Bäume in der Welt und so viel Blätter an jedem! Und wenn ich schon nach nur so wenigen Leben zu Gott gelange, wie Blätter an diesem kleinen Banyanbaum hängen, bin ich doch praktisch schon angekommen."

Auf diese Art werden die Früchte der Wahrheit geerntet. Und kennt ihr das Ende dieser Geschichte? Der junge Sannyasin tanzte weiter und weiter, und in diesem Tanz kam der Augenblick, indem er frei wurde und zu Gott gelangte. Ein Augenblick ruhiger und unendlicher Liebe und Geduld war alles.

Dieser Augenblick wurde zur Befreiung. Das nenne ich unendliche Geduld. Und wer unendliche Geduld hat, erlangt alles hier und jetzt. Diese Geisteshaltung selbst ist das letztliche Erlangen. Seid ihr bereit, so lange zu warten? Mit dieser Frage möchte ich mich von euch verabschieden.

Möge euch die Existenz Stärke geben, damit der Fluss eures Lebens zum Ozean der Wahrheit gelangen kann. Das ist mein Wunsch und mein Gebet.

15. Kapitel

Über den Weg des Suchers

Dieser Text scheint von Osho geschrieben worden zu sein und nicht, wie der gesamte Vortrag des Meditationscamps, gesprochen. Wir folgen der Hindi-Ausgabe dieses Buches, in dem dieser Text von Osho autorisiert wurde und bringen ihn hier am Ende der Vortragsreihe.

ICH SEHE DEN MENSCHEN VON TIEFER DUNKELHEIT umhüllt. Er ist wie ein Haus, dessen Lampe in einer dunklen Nacht ausgeblasen wurde. Etwas ist in ihm erloschen. Aber eine Lampe, die erloschen ist, kann wieder angezündet werden.

Ich sehe auch, dass der Mensch jegliche Richtung verloren hat. Er ist wie ein Boot, das auf hoher See die Orientierung verloren hat. Er hat vergessen, wohin er gehen und was er sein möchte. Aber die Erinnerung an das, was er vergessen hat, kann in ihm wiedererweckt werden.

Und wenn auch Dunkelheit herrscht, braucht er nicht zu verzweifeln. Je tiefer die Dunkelheit, desto näher die Morgendämmerung. Ich sehe eine spirituelle Erneuerung für die ganze Welt bevorstehen. Ein neuer Mensch ist im Begriff, geboren zu werden, und wir befinden uns in seinen Geburtswehen.

Aber diese Erneuerung benötigt unser aller Unterstützung. Sie muss durch uns passieren, und durch niemanden als uns. Wir können es uns nicht leisten, bloße Zuschauer zu sein. Wir müssen uns alle in uns selbst auf diese Wiedergeburt vorbereiten.

Die Ankunft dieses neuen Tages, dieser Morgendämmerung, kann nur stattfinden, wenn wir uns selbst mit Licht füllen. Es liegt an uns, diese Möglichkeit zur Wirklichkeit werden zu lassen. Wir alle sind Bausteine im Gebäude der Zukunft, und wir sind die Lichtstrahlen, aus denen die zukünftige Sonne geboren wird. Wir sind Schöpfer, nicht nur Zuschauer. Und nicht nur die Zukunft muss erschaffen werden, schon die Gegenwart müssen wir erschaffen, uns selbst müssen wir erschaffen.

Der Mensch erschafft die Menschheit, indem er sich selbst erschafft. Das Individuum ist der Baustein der Gesellschaft, und sowohl Evolution als auch Revolution können nur durch ihn geschehen. Ihr seid diese Bausteine. Darum möchte ich euch aufrufen. Ich möchte euch aus eurem Schlummer erwecken. Seht ihr nicht, dass euer Leben völlig bedeutungslos, nutzlos und absolut langweilig geworden ist? Das Leben hat jegliche Bedeutung, jeglichen Sinn verloren. Aber das ist verständlich.

Ohne Licht im menschlichen Herzen kann es auch keinen Sinn in seinem Leben geben. Ohne Licht in seinem inneren Wesen kann es keine Freude in seinem Leben geben. Dass wir uns heute tatsächlich überflüssig und überladen fühlen, liegt nicht daran, dass das Leben an sich nutzlos wäre. Das Leben ist von unendlicher Wichtigkeit, wir haben jedoch den Weg verpasst, der zu dieser Bestimmung, zu dieser Erfüllung führt. Wir existieren einfach nur und haben nichts mit dem Leben zu tun. Das ist kein Leben, es ist nur ein Warten auf den Tod.

Und wie könnte das Warten auf den Tod anders als langweilig sein? Wie könnte es eine Glückseligkeit sein?

Ich bin hierhergekommen, um euch folgendes zu sagen: Es gibt einen Weg, aus diesem Alptraum zu erwachen, den ihr fälschlicherweise für das Leben gehalten habt. Der Pfad hat schon immer existiert. Der Pfad, der aus der Dunkelheit heraus ins Licht führt, ist ewig. Er existiert mit Gewissheit, nur haben wir unser Gesicht von ihm abgewandt.

Ich möchte, dass ihr euch ihm wieder zuwendet. Dieser Weg ist *Dharma*, Religion. Es ist das Mittel, wieder Licht anzuzünden im Menschen; es gibt dem dahintreibenden Boot des Menschen eine Richtung. Mahaviras Botschaft sagt, dass Religion die einzige sichere Insel, der Anker, die Bestimmung und Zuflucht ist für die, die von den Stromschnellen der Welt mit Alter und Tod hinweggeschwemmt werden.

Dürstet euch nach dem Licht, welches das Leben mit Glückseligkeit erfüllt? Möchtet ihr zur Wahrheit gelangen, die dem Menschen Unsterblichkeit verleiht? Wenn ja, lade ich euch ein. Nehmt meine Einladung an – zur Freude, zum Licht, zur Unsterblichkeit. Öffnet einfach die Augen, und schon lebt ihr in einer neuen Welt des Lichtes. Ihr braucht nichts weiter zu tun, als die Augen zu öffnen. Ihr braucht nur aufzuwachen und zu schauen.

Nichts im Menschen ist wirklich ausgelöscht worden, noch hat er wirklich die Richtung verloren; aber solange seine Augen geschlossen bleiben, breitet sich die Dunkelheit überallhin aus, und jeglicher Orientierungssinn geht verloren.

Wenn der Mensch die Augen schließt, wird er zum Bettler; wenn er sie öffnet, wird er zum Herrscher.

Ich rufe euch an, um euch aus eurem Traum, ein Bettler zu sein, aufzuwecken, in die Realität des Herrschers. Ich möchte eure Niederlage in einen Sieg, eure Dunkelheit in Licht, euren Tod in Unsterblichkeit verwandeln.

Seid ihr bereit, euch mit mir auf diese Reise zu begeben?

Über Osho

OSHOS LEHREN WIDERSTEHEN JEGLICHER KATEGORISIE-
rung, sie reichen von der persönlichen Sinnsuche bis hin
zu den dringendsten sozialen und politischen Fragen,
mit denen die Welt heute konfrontiert ist. Seine Bücher
wurden aus zahllosen Tonband- und Videoaufnahmen
transkribiert. Er hat über einen Zeitraum von 35 Jahren
vor einer internationalen Zuhörerschaft stets aus dem
Stegreif gesprochen. Er sagte: „Denkt daran, was immer
ich sage, ist nicht nur für euch… ich spreche auch für die
kommenden Generationen."

Der Londoner *Sunday Times* zufolge zählt Osho zu den
„1000 Machern des 20. Jahrhunderts"; der amerikanische
Romanautor Tom Robbins hat ihn einmal „den gefähr-
lichsten Mann seit Jesus Christus" genannt. *Sunday Mid-
Day* (Indien) hat Osho als einen der zehn Menschen
bestimmt, die das Schicksal Indiens verändert haben –
wie Gandhi, Nehru und Buddha.

Osho selbst beschreibt sein Werk als „Beitrag, die Voraus-
setzungen für die Entstehung einer neuen menschlichen
Lebensweise zu schaffen". Diesen neuen Menschentypus
hat er immer wieder als „Sorbas der Buddha" umschrieben – also einen Menschen, der nicht nur wie Sorbas der
Grieche die irdischen Freuden zu schätzen weiß, sondern
ebenso sehr die stille Heiterkeit eines Gautam Buddha.
Wie ein roter Faden zieht sich durch alle Aspekte von

Oshos Arbeit die Vision einer Verschmelzung der zeitlosen Weisheit des Ostens mit den höchsten Potenzialen westlicher Wissenschaft und Technik. Vor allem seine revolutionären Ansätze zur Wissenschaft der inneren Transformation haben Osho berühmt gemacht. Seine innovativen „aktiven Meditationen" basieren auf dem Gedanken, dass erst der in Körper und Geist angesammelte Stress abgebaut werden muss, um, frei von Gedanken und entspannt, einen meditativen Zustand zu erfahren.

Das Osho International Meditation Resort

LAGE: Etwa 120 Kilometer südöstlich von Mumbai, in der prosperierenden Stadt Pune gelegen, ist das *Osho International Meditation Resort* ein Urlaubsort der besonderen Art. Das Meditationsgelände erstreckt sich über ca. 15 Hektar inmitten eines von prächtigen alten Baumalleen gesäumten Villenviertels.

BESONDERHEIT: Jedes Jahr empfängt das Ressort Tausende Menschen aus über 100 Ländern. Auf dem Campus gibt es die Möglichkeit, direkt Erfahrungen mit einem anderen Lebensstil zu machen – durch mehr Bewusstheit, Entspannung, Festivitäten und Kreativität. Es gibt eine Vielzahl an Programmen die rund um die Uhr und über das ganze Jahr hin angeboten werden. Nichts zu tun und zu entspannen, ist eine davon. Alle Programme gründen auf Oshos Vision von „Sorbas, dem

Buddha" – einer qualitativ neuen Art von Mensch, der nicht nur sein Alltagsleben schöpferisch zu gestalten vermag, sondern auch Zugang zu entspannter Stille und Meditation findet.

MEDITATIONEN: Es werden täglich und regelmäßig Meditationen unterschiedlichster Art angeboten – aktive und passive Methoden, traditionelle und revolutionäre, und ganz besonders natürlich, die von Osho entwickelten Aktiven Oho Meditationen. Sie alle finden in der wahrscheinlich weltgrößten Meditationshalle, dem Osho Auditorium, statt.

MULTIVERSITY: Hier kann man Einzelsitzungen, Kurse und Trainings zu unterschiedlichen Themen buchen – von den bildenden Künsten bis hin zu ganzheitlichen Heilmethoden, von persönlicher Transformation bis hin zu Therapie, esoterischer Wissenschaft, Sport- und Fitnessprogrammen mit Zen-Akzent. Das Geheimnis des Erfolgs der Multiversity, liegt darin, dass alle Programme immer mit Meditation verknüpft sind, um das Verständnis zu fördern, dass wir menschlichen Wesen mehr sind als die Summe aller Teile.

BASHO SPA: Das luxuriöse Basho Spa hat einen großzügigen Pool unter freiem Himmel, der von Bäumen und tropischem Grün gesäumt ist. Das weitläufige Jacuzzi, die Sauna, das Gym, der Tennisplatz ... all diese Plätze liegen in einer ausgesprochen ästhetisch gestalteten Umgebung.

KÜCHE: Es gibt stets eine Auswahl köstlicher vegetarischer Gerichte in westlicher, asiatischer und indischer Ausrichtung. Das Meiste davon wird speziell für das Ressort organisch angebaut. Brot und Kuchen werden in der hauseigenen Bäckerei gebacken.

NACHTLEBEN: Die Nummer 1 der Abendveranstaltungen ist das Tanzen, neben Vollmond-Meditationen unterm Sternenhimmel, Varietétheater, Musikveranstaltungen und Meditationen. Man kann auch Leute am Plaza Café treffen oder einen Spaziergang durch die Gärten in dieser märchenhaften Umgebung machen.

INFRASTRUKTUR: Alle wesentlichen Dinge kann man in der Galeria einkaufen. In der Multimedia Gallery bekommt man alle OSHO Media Produkte. Es gibt eine Bank, ein Reisebüro und ein Internetcafé auf dem Campus. Für alle die gerne auf Shoppingtour gehen: Man findet in der Stadt sowohl gute traditionelle Produkte wie auch weltbekannte Markenläden.

UNTERBRINGUNG: Man kann sich im eleganten Osho Guesthouse einmieten oder sich für längere Aufenthalte im Living-In Programm anmelden. Zusätzlich gibt es noch zahlreiche Hotels und Appartements in der direkten Umgebung.

www.osho.com/resort